U0509510

上海家长学校
名人家庭教育丛书

杨敏 主编

中国近现代名人家庭教育启示录

科学家卷

洪彦龙 著

上海人民出版社
上海远东出版社

图书在版编目（CIP）数据

中国近现代名人家庭教育启示录. 科学家卷/洪彦
龙著. —上海：上海远东出版社，2023
（名人家庭教育丛书）
ISBN 978 - 7 - 5476 - 1949 - 0
Ⅰ. ①中… Ⅱ. ①洪… Ⅲ. ①家庭教育-中国②科学
家-生平事迹-中国-近现代 Ⅳ. ①G78②K826.1
中国国家版本馆 CIP 数据核字(2023)第 187665 号

责任编辑 曹　茜
封面设计 李　廉

本书由上海开放大学
家庭教育教材开发与出版项目资助出版

名人家庭教育丛书
中国近现代名人家庭教育启示录. 科学家卷
洪彦龙 著

出　　版 上海远东出版社
　　　　　（201101 上海市闵行区号景路 159 弄 C 座）
发　　行 上海人民出版社发行中心
印　　刷 上海信老印刷厂
开　　本 890×1240　1/32
印　　张 6.625
字　　数 127,000
版　　次 2023 年 12 月第 1 版
印　　次 2023 年 12 月第 1 次印刷
ISBN 978 - 7 - 5476 - 1949 - 0/G · 1187
定　　价 40.00 元

名人家庭教育丛书

编委会

主　　　任　　王伯军

副　主　任　　王松华　王　欢　应一也　郑　瑾

编委会成员　　蒋中华　徐文清　邝文华　祝燕国

　　　　　　　陈圣日　金新宇　吴　燕　毕玉龙

　　　　　　　沈忠贤　丁海珍　张　令　叶柯挺

　　　　　　　陆晓春　朱　斌　王秋兰　汤　为

总序

　　每个时代各领域的名人名家通常都具有敏锐的洞察力和感知力，是新思想、新观念的传播者，也是社会变革的积极参与者和推动者。

　　作为一个有思想、有力量、有张力的群体，名人名家大多对其所在的领域有深入的理解和独特视角，能够提供有前瞻性、创新性的思想和观点，引领社会的发展方向。他们中的一部分人是社会的领导者和决策者，其决策和行为直接影响社会的稳定与和谐；他们通过自身的影响力和权威，在社会中起到调节和稳定的作用。

　　与此同时，他们也是各类知识和技术的传授者，通过教育推广、研究思考和实践行动，将自己的知识和经验传递给更多的人，推动社会的科技进步；他们作为公众人物，其言行能够对公众产生较大影响，塑造公众的价值观和世界观，助推社会奔向未来。

　　此外，他们的成功与名望，往往能鼓舞更多的人去追寻自己的目标；他们的存在就像一座座灯塔，为大众指明前行的方向。而他们在家庭教育方面的与时俱进、勇于创新，正是他们在整个社会发展中敢于尝试和创造的价值折射。

　　从宏观角度而言，近现代中国的家庭教育像浮雕一样凸显在中国教育史上。在西方社会文化思潮和教育思想涌入中国社会的同时,中国传统家庭教育自身也开始对旧式的家庭教育理念与实践展开了自我批判,并在尝试改革与重构。[①] 随着中国社会的转型,近现代中国各领域名人大家的家庭教育都发生了巨大变化。其重要特征,就是他们把科学、民主、平等的思想观念和实践行动带入家庭教育中,将家庭教育爱国育人的优秀传统和科学、民主、平等的时代精神兼收并蓄、相互融通,以适应转型社会对人才培养的要求,开创了一股更新家庭伦理和教育观念的新风气,也带来了中国家庭教育与人才培养的新时代。

纵观 1840 年至 1949 年的我国家庭教育发展史,大致可以划分为四个阶段[②]。

第一阶段,从 1840 年鸦片战争到 19 世纪 60 年代,是我国家庭教育近现代转型的沉默期。此阶段家庭教育总体上尚未突破传统模式,也未呈现家庭教育转型的痕迹。

第二阶段,从 19 世纪 60 年代至 90 年代,是我国家庭教育近现代转型的起步期。此一时期,家庭教育近现代化的步伐比较缓慢,只局限在一些高层统治者和名人大家尤其是官宦家庭中。

第三阶段,从 19 世纪末到 1912 年中华民国成立,是我国家庭教育近现代转型的发展期。在此阶段,我国家庭教育随着近

---

① 季瑾:《家庭教育现代化的启动与发展——计于民国家庭教育史的研究》,南京:南京师范大学,2013 年。
② 南钢:《我国家庭教育的近代转型》,兰州:西北师范大学,2001 年。

现代文化教育转型的深入而逐渐深化,在家庭教育的内容、方法、原则及理论层面都有突破性的成就,家庭教育成为一种较普遍的社会意识。

第四阶段,从 1912 年中华民国成立到 1949 年中华人民共和国成立,是我国家庭教育近现代转型的成熟期。此一时期,随着对西方幼儿教育思想、制度及儿童心理学的学习,家庭教育思想发生了革命性变革,使得家庭教育的目的、作用、内容和方法等,都显示出鲜明的近现代特征。

从发展趋势来看,这四个阶段的家庭教育转型呈现的大方向是父母对子女教育的两个转变:从注重孝道、尊重长辈和家族的传统规矩,向更加关注子女的个人发展和自由意志,注重理性思维和科学知识的转变;从传统的权威教育,向自由、平等和科学的教育转变同时,提倡男女平等和尊重个体差异。

基于这些转变,父母教育子女的方式和理念发生了巨大变化,近现代中国家庭教育呈现以下六个主要特点。

第一,注重传承价值观。近现代名人名家的家庭教育无一例外都有自己的一套核心价值观和生活哲学,他们希望通过家庭教育将这些价值观和生活哲学传承给下一代,包括对社会责任感的理解、对人生目标的设定、对成功的定义等。

第二,重视全面发展。他们的家庭教育往往强调个人的全面发展,涵盖传统文化、学业专攻、艺术爱好、社交能力等多方面的能力培养。他们的目标不仅仅是让孩子在学业上取得优异的成绩,更注重培养他们的独立思考能力、创新意识和解决问题的能力。

第三,提供丰富资源。近现代名人名家通常都拥有丰富的资源,所以他们可以为孩子提供更多的学习和成长机会,包括优质的教育资源、各种社会活动以及旅行经验等。

第四,高度参与子女的成长。在子女成长的过程中,他们大都高度参与了孩子的教育行动,对孩子的学习、活动、兴趣、理想、志趣等方面都细心关注,在必要时提供高能的指导和帮助。

第五,培养子女的自主性。近现代名人名家的家庭教育十分注重鼓励孩子独立思考和自主决策,多方面提高子女的自主性和适应性,使孩子能够更好地面对未来的挑战。

第六,国际化视野。近现代名人名家通常都具有较高的国际化视野,他们会通过各种方式让孩子接触国际文化,提升他们的国际意识和跨文化交际能力。

在此基础上,近现代中国家庭教育的发展与嬗变具有令人瞩目的价值:首先是培养优秀人才。家庭教育是培养优秀人才的基础,通过科学合理的家庭教育,可以培养出具有独立思考、创新能力和社会责任感的青年一代。其次是促进社会和谐发展。家庭教育对于社会和谐发展具有重要作用,良好的家庭教育能够培养出有健康人格和积极向上的社会行为习惯的公民,为社会的进步贡献力量。再次是传承优秀文化。中国历史悠久的家庭教育传统具有深厚的文化内涵,通过传承和弘扬这些优秀的家庭教育文化,可以使家庭教育更加健康、科学、有效,为社会提供稳定的文化基础。

　　以此为背景,本套丛书以近现代时期名人大家的家庭教育思想与实践为切入点,通过挖掘他们人生历程、事业成就、亲子绵延与家庭教育之间的密切关系,展现两代人、几代人在家庭教育中薪火传递、生生不息的真实图景,进而从中国家庭教育嬗变状貌中了解传统家庭教育精华与西方教育精神交融的时代特征,为当下家庭教育提供可资借鉴的思想和案例,具有深刻的理论探索与实践价值。为此,我们推出了这套"名人家庭教育丛书"。

　　本丛书分六册,在写作上注重三点:第一,全部内容皆从此阶段本领域名人名家的真实案例出发,立足家庭教育视角展开。第二,既保持内容的相互连贯性、体例的统一性,又注重各个分册的独立性、独到性。第三,各分册由若干篇组成,每篇之下又有若干章,每章都包含几个层次:辉煌业绩与成就、成长历程及家庭背景以及家庭教育思想和实践经验等,以期给当下家长提供切实可行的家庭教育思想指导和行动点拨。

　　《中国近现代名人家庭教育启示录.教育家卷》,由上海财经大学教师、复旦大学博士汪堂峰撰写。全书以"自序:别人家的孩子　自己家的孩子"为开端,而后分三篇展开。第一篇"筚路蓝缕　以启山林",从"马相伯:中西结合成就'日月光华'人生""蔡元培:宋儒崇拜之谜"两部分沉稳展开。第二篇"玉汝于成不唐捐",包括"张伯苓:功名蹭蹬老风尘　读书有子不嫌贫""马君武:老农勤稼穑　向晚尚冬耕"两部分,写得深情款款。第三篇"布衣情愫　星河长明",则分别从"陶行知:生活即教育家庭即学校"和"章绳以:娜拉出走该这么办"落笔,既娓娓道来,又深邃绵邈。

《中国近现代名人家庭教育启示录.国学家卷》,由上海开放大学浦东分校张佳昊老师和上海开放大学人文学院杨敏教授联合撰写。本书以社会学视角下家庭教育的三个维度——时代维度、社会维度和人生维度为逻辑框架,紧密结合近现代的时代巨变、社会现状及大时代下纷繁多变的众生实景,通过选取一系列国学名家的人生实况,挖掘他们成功人生背后的家庭教育经验与思想。第一篇"时代机遇:西学东渐与使命创新",重在从"陈寅恪:海纳百川,有容乃大""陈垣:壁立千仞,勤学如斯""顾颉刚:融会贯通,治学有方""汤用彤:追踪时代,薪火相传"及"吴宓:精通西学,布道国学"五个案例着手,立足时代维度,清晰呈现近代西学东渐之后家庭教育面临的时代背景,国学家们所承担的、适应时代要求的家庭教育新使命,以及他们在家庭教育中具备的创新力、变革力与洞察力。正因如此,他们才能在面向复杂而充满不确定性的未来培养后代的时候,拥有清晰的理解和判断,明确的意识和能力。第二篇"社会场域:现实碰撞与行动引领",包括"赵元任:文理兼修,全人教育""黄侃:虔诚问学,家学之道""金克木:博学笃志,切问近思""梁启超:成在将来,不在当下"以及"章太炎:教书育人,太独必群"五个部分,是立足社会维度,呈现在近现代社会,国学家们作为子女融入社会的首席指导师,自身所具备的全面、客观、理性、科学的社会素养,以及他们在子女走向社会过程中的强力引导,包括清晰的意识、积极的情感和良好的策略。第三篇"人生长河：山山而川与迢迢其泽"，则是从"刘文典：魏晋风骨，师者异类""吕思勉：寓教于乐，发展天性""钱穆：家学渊源，创新传承""王国维：有我之境，无我之境"和"王力：事业家庭，兼爱兼成"五个案例着眼，立足人生维度，梳理阐述国学家们是如何把家庭当作子女人生旅行的起点和人生教育的第一课堂，为子女拥有完满人生做准备的。他们既要为子女独立人格和品格打基础，也为子女的人生发展作指引，让子女有能力走好人生路。

《中国近现代名人家庭教育启示录.文学家卷》，由国家开放大学人文教学部副部长胡正伟副教授撰写。本书分四篇呈现近现代中国著名文学家的家庭教育方略。第一篇"谁痛苦，谁改变"，包括"鲁迅：记得当时年纪小""许地山：苦中作乐""王统照：外圆内方"和"梁实秋：人生如寄，多忧何为"，立足于德国心理学家海灵格"谁痛苦，谁就会改变"的教育思想，以四位文学家为案例阐述这样的家庭教育领悟：只有当一个人真正感到痛苦，不再愿意继续以当前的方式生活时，他才会寻求改变。第二篇"教育就像种子"，由"叶圣陶：希望他们胜似我""张恨水：甜蜜的负担""沈雁冰：与时代同行"以及"朱自清：宁廉洁正直以自清，佩弦以自急"组成，以联合国第七任秘书长、2001 年诺贝尔和平奖获得者科菲·安南的"教育就像种子，耐心培育才能开花结果"这一理念为视角，展现四位文学家家庭教育的全面性和综合性——通过培养知识、思维方式、技能以及个人品格和价值观，为儿女的发展播下一颗颗强大的种子。第三篇"每个人身上都有太阳",则涵盖"林语堂:拒绝焦虑""成仿吾:有所不为,有所为""沈从文:只用无私和有爱回答世界"与"艾芜:像一条河一样"四部分,从苏格拉底的"每个人身上都有太阳,主要是让它如何发光"这一思想高度,呈现四位文学家是何发掘和发展孩子的天赋和才能,让孩子相信自己的潜力,并致力于不断提升自己,以达到更高成就和更大影响力的。第四篇"人间至味是清欢",由"老舍:最美不过烟火气""俞平伯:不必客气""巴金:隐没进芸芸众生"及"赵树理:愿你决心做一个劳动者"组成,站在画家米勒"家庭是我们自己的小天地,我们在这里制定自己的生活法则,在这里播种幸福的种子,灌溉快乐的秧苗,并将它们散布到世界的大园圃中"这一情感维度,同时结合宋代文学家苏轼"人间有味是清欢"的诗意人生追求,展现四位文学家是如何让孩子领悟人生的价值和意义不仅在于物质的追求和外在的成就,更在于内心的富足和平和的。

《中国近现代名人家庭教育启示录. 科学家卷》,由上海开放大学文学教育系主任、复旦大学文学博士洪彦龙撰写。本书以"自序:'做而不述'的科学人"为开端,分四篇呈现近现代中国著名科学家的家庭教育之道。第一篇"数归其道",包括"陈建功:求学是为了我的国家,并非为我自己""熊庆来:救国育才的数学界'伯乐'""苏步青:为学应须毕生力,为民为党献余生"和"华罗庚:我们最好把自己的生命看作前人生命的延续",重点呈现四位科学家家庭教育中的道德教育与品格养成。第二篇"物穷其理",则通过"吴有训:与诺奖擦肩而过,为祖国奉献一生""严济慈:科'济'之光,'慈'训无双""童第周:中国人不比外国人笨"
"萨本栋:途遥路远研物理,厦府倾心苦坚持""杨振宁:横跨中
西,今古传承"与"李政道:细推物理须行乐,何用浮名绊此身"六
位科学家的个人成长和家庭教育实录,重点呈现他们对子女探
索精神、科学之道以及研究能力的培养。第三篇"地藏其宝",涵
盖"章鸿钊:藏山事业书千卷,望古情怀酒一卮""李四光:无愧大
地光,油海千顷浪""竺可桢:收回中国天气预报'主权'""孙健
初:风雨前行的阵阵驼铃"及"梁思成:宽严相济、博精结合"五位
科学家的人生轨迹,重点呈现他们在科学领域、家庭教育中宁静
致远、海纳百川的精神境界,与万化冥合的心灵领悟。第四篇
"工善其事",则分别通过"侯德榜:只要努力,泥土里也能长出惊
世的花""王淦昌:科学没有国界,但科学家有祖国""束星北:但
愿中华民族振,敢辞羸病卧黄昏""钱学森:立星辰大海之志,创
两弹一星之功"及"钱三强、何泽慧:科学伉俪的世纪之爱"的书
写,重点呈他们的科学研究之道、家庭教育之道和子女培养
之道。

《中国近现代名人家庭教育启示录. 艺术家卷》,由中国福利
会吕沁融副编审撰写。全书以"自序:艺术的力量"发端,以"结
语:家庭与艺术,是追求真善美的道路"收尾,其间分三个篇章展
现近现代中国著名艺术家的家庭教育之光。第一篇"新潮与旧
地",从"旧地上的'家'""逐渐兴起的人文精神"和"自由生长的
民间艺人"三个层面铺叙,侧重描述在中西文化交融下的艺术家
们基于家庭的成长之路,通过一个个鲜活的从家庭出发走向广

大世界的追梦故事,以历史视角勾画出一个大时代的艺术人文图景,从而展现出新思潮与旧土地激荡的背景下家庭教育对艺术家的影响与成就。涉及的艺术家有黎锦晖、查阜西、梅兰芳、尚小云、荀慧生、程砚秋、骆玉笙和华彦钧。第二篇"自我与家国",则从"重塑美学教育""彰显民族本色"及"打通中西壁垒"三个部分着笔,重点阐释艺术家的"家国情怀",揭示艺术家面对动荡年代的社会责任与家庭责任,在追求个人成就的同时,是如何取舍、如何抉择,如何披星戴月、承前启后而建立起影响近现代中国艺术发展丰碑的,凸显家庭教育是社会责任培养的第一站这一真谛,涉及的艺术家有李叔同、丰子恺、杨荫浏、黄自、戴爱莲、张充和、周小燕和管平湖。第三篇"艺术与无华",则分别以"血脉相连""启智开蒙"和"生命华章"为主题,重点揭示艺术家们在辉煌成就的背后,对人间冷暖的体悟和对真善美的追求,启发当代家庭教育如何汲取这一份能量,继续将平凡的人生谱写成新的华章。涉及的艺术家包括傅聪、贝聿铭、启功、萧友梅、林风眠、木心、朱光潜及贺绿汀。

《中国近现代名人家庭教育启示录.法学家卷》,由上海开放大学人文学院院长、张志京副教授和上海开放大学普陀分校王仁或教授联合撰写。本书选取近现代中国 12 位著名法学家的成长历程和家庭教育状况为案例,分三个部分逐一展示他们带领子女奔向理想人生过程中的成就与经验。第一篇"教子行为先,身教胜言传",重点表达四位驰名中外的法学家在以身作则、身体力行方面给子女带来的重要影响,包括"梅汝璈:春风化雨,润物无声""彭真：温恭朝夕，念兹在兹""王世杰：拳拳之情，眷眷为怀"及"宋教仁：白眼观天下，丹心报国家"四个案例。第二篇"父母之爱子，为之计深远"，则重点展开另外四位法学大家在教育子女过程中的高瞻远瞩、坚实铺垫给儿女带来的底蕴与机遇，包括"钱端升：人无信不立，事无信不成""沈钧儒：立志须存千载想，闲谈无过五分钟""吴经熊：猗猗季月，穆穆和春"及"谢觉哉：常求有利别人，不求有利自己"。第三篇"箕引裘随，自有后人"从世家发展与父子接力的角度展现了四位法学家在家庭教育方面的成功与效应，包括"王宠惠：守得安静，才有精进""董必武：所虑时光疾，常怀紧迫情""周鲠生：谁言寸草心，报得三春晖"及"曾炳钧：栉风沐雨，玉汝于成"。

处于历史与现实、传统与现代、本土性与世界性冲突与融合过程中的近现代名人大家，他们在家庭教育转型与更新中呈现的中西兼容的文化气质、家国一体的立世情操、薪火相传的生命精神，留下了许多家庭教育的成功范例，形成了精进笃行的优良家风，培养出大量紧缺人才。时至今日，他们虽然身影已远，但光影仍在，他们如同散落在广阔大地的蒲公英种子，在世界的不同角落开花结果，各自奉献独特的事业成就，安享平和温馨的日常生活，根深叶茂，生生不息。

"名人家庭教育丛书"编委会主任　王伯军

"做而不述"的科学人

中国文化有一种"述而不作"的传统。

孔子说自己"信而好古",他崇尚周代文明,而不擅自制作礼乐,这也正符合他所谓的"三畏"——畏天命,畏大人,畏圣人之言。这表现了中国人对于文化传统的一种敬畏与尊重,同时也是中华文明能够延续五千年而不断绝的一个重要原因。

但这种传统在近代受到了挑战与冲击。

进入近代,西方文明伴随着资本主义在世界范围的扩张而涌入中国。衰朽的清王朝和落后的封建制度已经不能够跟上世界发展的潮流,中国人开始真正开眼看世界,但思维的惯性让他们仍然保留着"中学为体,西学为用"的想法,带来的却是更多的耻辱与苦难。

这促使中国人对自己的文化进行了一次剧烈的反思,这次反思的集中表现便是新文化运动。从旧有的思想当中解放出来,是新文化运动的根本宗旨,他们拥护德先生与赛先生,即民主与科学。

新文化运动的主将大力提倡西方资本主义民主制度与思想，反对君主专制；提倡新道德与新文化，反对旧道德与旧文化，他们极力抨击与否定以孔子为代表的封建礼教与制度，这可以说是对当时中国社会的重病下的一剂猛药。作为思想解放与文化运动的策略，他们创造了一种"作而不述"的传统。他们似乎要与旧有的文化来一次彻底的断绝，从而改造中国的国民性，开创一个新的文化纪元。述而不作，坚持国故，在当时的时代激流当中确实显得保守。但作而不述，简单地以西方文明为准的，人为地将文化进行切割，这在一个有着悠久传统的国度，势必也会走向困境。借用李大钊的一句话："其良其否，难以确知，其存其易，亦未可测。"可见当时的知识分子已开始对新文化运动进行反思。而且在新文化运动与国故论衡之间，学者们往往身份互换，这亦可以看作是新旧文化的碰撞与交融。

而对于新文化运动和当时的思想解放，我们往往会忽略另一个重要的主题和群体——科学与科学家。新文化运动主将们提出的"科学"，多数时候指的是用自然科学的精神与方法去研究社会。其实，中国人最早对于西方文明的接受就是其科学技术。从"师夷长技以制夷"到近现代科学理念，中国产生了第一代真正意义上的近现代科学家，他们追求真知真理，提倡富国强兵，通过自己的科学实践，引领中国进入现代社会。他们中很多都是世界级的科学家，在各自的研究领域为人类的文明贡献了巨大的力量。但绝大多数科学家都敏于行而讷于言，孜孜以求，默默前行，隐迹于灯火阑珊之处。这又形成了另一种"做而不述"的传统。

相对于"作而不述"的璀璨热烈，科学家们的"做而不述"显得更为深沉厚重。科学人重实践，在实践当中去探寻真理。同时，我们也能在这些科学实践当中，感受他们的人格力量与家风家教。

他们分属于不同的学科领域，有着不同的知识结构，身上带有科学人的专业特性。但他们当中绝大部分人都深受中华优秀传统文化的滋养，在近现代特定的历史条件下，身上又呈现着相当的共性。

其一，家国情怀。

身兼家国，心怀天下，是中国读书人的特有品质。但传统的读书人以科举仕途为人生目标，所谓的修齐治平，更多的是依附最高的君主权力，以谋得个人仕进之路。近代以来，救亡图存与民族复兴成为时代的主题，科学人心目中的"国"，已非是一家一姓之统治，而是现代意义上的民族国家；科学人生活中的"家"，也不是传统礼教等级之家族，而是平等自由的现代家庭。但特殊的时代条件，又让他们身上具备传统士大夫的责任感与使命感。那个时代的几乎每一个科学人都将自己的科学研究和生命意义指向了国家的强盛。

其二，守正创新。

近现代科学人在教育子女的时候，都会要求他们心怀正念，善良包容，但在科学研究上却又一丝不苟，严谨认真，甚至常常会给人以严厉的感觉。这种"温而厉"的境界,恰恰是他们家庭身教的最好例证,可在各自的研究领域,他们却有一种当仁不让、敢为天下先的精神。他们基本都是某个领域的奠基者或开拓者,用自己的生命为落后的中国抢时间、抢机遇。所以他们总是走在时代的前面,从未停下科学创新的脚步。

其三,上善若水。

水是柔弱的,但却充满了力量。近现代科学人在国家多灾多难的条件下,凭借着自己坚强的意志与坚韧不拔的精神,创造了一个又一个科学奇迹。水是无形的,但又可以化成万有。科学人在面对世界潮流的时候,能够涤荡心胸,容纳新知,攀登一个又一个科学高峰。水是居下的,却又能承载万物。科学人如水一般低调朴实,从不居功自傲,他们常把自己的成就归功于国家,归功于同事。当我们还在赞叹他的成就的时候,他已经开始了下一个科学目标的探究。

面对着科学人扎实丰硕的研究实践和渊渟岳峙的人格境界,我们只能高山仰止。但他们却又如此的深沉低调,朴实无华,以至于我们很多人只是听说过他们的名字,对于他们的贡献和人生经历却知之甚少。

桃李不言,下自成蹊。他们每个人的生命经历与科学实践,本身就是一本大书。因此本书的编写采用了"述而不作"的传统,为"做而不述"的科学人做一个讲述者。述科学人之贡献,让更多的人去了解;述科学人之精神,让更多的人去传承;述科学人之家庭教育,让更多的人去实践。

　　参与本书编写与资料搜集的傅传凤、刘安琪、沈钰都是来自上海开放大学、复旦大学的青年学人，以此"述而不作"来表达我们对近现代科学人最崇高的敬意。

洪齐龙

目录

物穷其理

— 第三篇 —

地藏其宝

—— 第四篇 ——

工善其事

第一篇

数归其道

事类相推,各有攸归。

——《九章算术》

　　达·芬奇说:数学是一切科学的基础。而中国人最早接触的近现代科学便是数学。中国古人早就意识到,万事万物都有一种内在的联系性,强调我们要看到事物的本质与规律。这就养成了数学人的慎思明辨。在家庭教育中,他们也特别强调对孩子思考力与辨别力的培养。同时数学又是一种以逻辑为基础的学科,严谨细密是数学人的独特风貌,因此,他们往往会关注子女做事是否认真准确,但却不苛求,而是以身示范。

　　谨慎做人,认真做事,应该算是数学人共有的家教与家训。

第一章

陈建功 ▶ 求学是为了我的国家，并非为我自己

善于识别人才的数学家

陈建功（1893—1971），数学家，主要从事实变函数论、复变函数论和微分方程等方面的研究工作，是中国函数论方面的学科带头人和许多分支研究领域的开拓者，在指导青年教师和学生开展科研、培养人才、发展教育事业等方面均做出了重要贡献。

1918 年，陈建功毕业于日本东京高等工业学校，翌年毕业于东京物理学校，1929 年获日本东北帝国大学（今东北大学）理学博士学位。在 20 世纪 20 年代，他独立解决了函数可以用绝对收敛三角级数来表示等根本性数学问题。在 1942 年到 1947 年期间，陈建功发表了十篇高水平学术论文，于数学界享有盛誉，西方数学史专家在介绍中国现代数学史时，往往

首先提到陈建功。

1955 年，陈建功被选聘为中国科学院学部委员（院士），此外还曾任浙江大学教授、数学系主任，复旦大学教授，杭州大学副校长，中国数学会副理事长，浙江数学会理事长，浙江省科协主席，九三学社中央委员会常委等职。1954 年起，陈建功连续当选为第一、二、三届全国人大代表。陈建功一生在国内外发表论文 60 余篇，专著、译著 9 部。1954 年出版的《直交函数级数的和》汇集了他从 1928 年到 1929 年关于直交函数富里埃级数的研究成果，至今仍在该领域居于重要地位。1958 年出版的《实函数论》是他多年讲学的结晶，为广大师生学习和推崇。陈建功一生笔耕不辍，成果斐然，是中国数学界公认的权威。

除了数学家外，陈建功还有一个特别的身份——善于识别人才、勤于培养人才的教育家。陈建功的第一个研究生程民德，后来成为北京大学数学研究所所长。陈建功 1950 年培养的研究生夏道行，后来也成为中国数学界的佼佼者，陈建功和夏道行在单叶函数论方面的出色成果迄今仍在美国、北欧的同行中有着深远的影响。夏道行教授后来担任了复旦大学数学研究所副所长，是一位享有国际声誉的著名泛函分析专家。多年后，回忆起老师当年严谨的治学风范，对青年人进行严格科研训练的治学态度，不慕名利一心向学的治学品德，夏道行还是崇敬不已。

正直、勤奋、心怀大义

清朝末年，绍兴城里有一个官办的慈善机构"同仁局"，陈建功的父亲陈心斋就是那里一个小职员。陈心斋一个月的月薪只有两块大洋，但家里除了长子陈建功外，还有六个女儿需要养育，生活负担十分沉重。作为一个慈善机构，同仁局除了施药、施棺材之外，还有一项小额无息贷款业务，由陈心斋管理。他一共在同仁局工作了 24 年，洁身自好，两袖清风，从未因生活窘迫而贪污公款。老先生时常告诫儿女，良好的品德是最宝贵的财富。据说他退休后，接任的职员不出一年就因银钱差错身败名裂，陈心斋的正直从此更加为人称道。

受父亲的言传身教，陈建功从小便胸有大志，手不释卷。因绍兴县志记载了一个明朝遗臣刘念台义不食清粟绝食而亡的事迹，陈建功便给自己起了陈念台这样一个别名，提醒自己时刻不忘日本侵华的惨痛。在日本留学期间，陈建功除了在高等工业学校染色科学习外，又考进了一所夜校学习数学，常常忙得来不及好好吃饭。这样的岁月过了好几年，除了学得理、工两方面的知识和技能之外，陈建功更学会了珍惜时间。后来他回到祖国当了教授后，常常教育子女珍惜时间，养成高速度、高效率的工作习惯，他说："根本没有'时间不够'这回事，是自己不抓紧。"

1920 年,陈建功第二次到日本留学,考进了日本东北帝国大学数学系。大学一年级时,他在日本发表了第一篇论文,登载在日本《东北数学杂志》上。数学家苏步青先生评价这是"一篇具有重要意义的创造性著作,无论在时间上或在质量上,都标志着中国现代数学的兴起"。1926 年,陈建功到日本东北帝国大学去做研究生,在导师藤原松三郎指导下研究三角级数论,仅用了两年多的时间就取得了一系列重要的研究成果,再加上他获得了当时国际上公认难获得的日本理学博士学位,一时引得日本舆论界哗然。苏步青曾说:"长期被外国人污蔑为'劣等人种'的中华民族,竟然出了陈建功这样一个数学家,无怪乎当时举世赞叹与惊奇。"

陈建功到导师家交《三角级数论》手稿的那天,他毅然向极力挽留他的导师告辞:"谢谢您的美意。我来求学,是为了我的国家,并非为我自己。"陈建功的话语铿锵有力,在外求学的学子岂可忘记水深火热中的祖国?他东渡求学的目的本来就是"科学救国",他的学问不是他在异国换取荣华富贵的筹码,而是为国家富强献出的一份努力。他辞别老师,登上西行的客轮,离开了求学 12 年的异乡。轮船朝着他昼夜思念的祖国大陆驶去,陈建功望着汹涌的海涛,心潮澎湃,思绪万千。

1938 年暑假,陈建功回绍兴探亲。这时的他早已当上大学教授,但始终敬重文化程度不高的父母。父亲陈心斋品德高尚,严于律己,对子女们的教诲更是一丝不苟。一日,陈建功在里屋看书,父亲在外间接待客人。原来是一个被抓的走私商人，找了陈心斋的邻居当说客，希望陈建功去找陈建功曾经在武汉大学的学生，当时的绍兴县县长面前走走关系，通融一下，商人愿送三万元大洋。陈心斋毫不犹豫地回绝道："业成不会答应的。"邻居大为惊讶，三万元大洋在当时绝不是一个小数目。陈建功在里屋会心一笑，继续翻动书页，静静地研读，沉浸在数学的世界里。

陈建功没有辜负如此清正的家风，在他任职期间，他极其尊重学生的劳动。他付出许多精力指导学生写的论文，总是拒绝署上他自己的名字，也不要学生在文章后面向他致谢。他不在意个人的荣誉，1956 年国家颁发科学奖，他连申请也不愿申请。后来他任浙江大学聘任升等委员会的主任，与另几位教授一起执掌全校教师晋级的大权，从来不徇私晋级亲朋，他的夫人朱良璧女士在浙江大学一直担任讲师，后来陈建功当了杭州大学的副校长，同在杭州大学执教的朱良璧还是讲师。

子承父业：爱国志与数学情

1937 年，抗日战争全面爆发，在中国共产党抗日救国十大纲领的影响下，浙江大学师生克服重重困难，于 1937 年 11 月自杭州出发西迁，1940 年 2 月抵达贵州遵义、湄潭建校。在警报响起时，陈建功总是带上讲义才进防空洞，在防空洞里备课,弦歌不辍,令人感动。陈建功总是教育儿女不忘祖国被侵略的惨痛历史,爱好音乐的他每听到播放日本音乐,总要让孩子将收音机关上。

中华人民共和国成立后百废待兴,急需科学人才。陈建功招收了许多研究生,悉心培养,严格训练,为他们打下了坚实的数学基础,他总是说:"培养人才比自己埋头写论文意义更大。"正当他全力以赴培养新中国第一批研究生时,他的大儿子陈翰麒主动参军,参加了抗美援朝保卫战。当时的陈翰麒是浙江大学电机系大三的学生,他怕祖母伤心,不敢去跟父亲谈参军的事宜,但陈建功语重心长地告诉他:"你去吧。我如果年轻二十几岁,自己也会去的。我把你抚养大,教育好,你现在去参军,为国家出力。"

1937年2月,陈建功第三个儿子陈翰馥在浙江杭州降生。受家庭的熏陶,陈翰馥从小就醉心数学,但顽皮是孩子的天性,陈翰馥总是难以认真学习。陈建功以宽容的态度对待孩子爱玩的天性,在和儿子散步时,陈建功循循善诱道:"如果你不好好学习,将来就不会成为一个有知识的人,还怎么为国家做出大贡献呢?"小翰馥知道爸爸是对的,自己如果不好好学习,没有了知识,将来就不能对国家、社会做出重要贡献,从此,他开始如同当年的父亲一般刻苦钻研。到了初中,陈翰馥在数学上的天赋也开始显露出来。

1955年,陈翰馥被分配到了列宁格勒大学(现俄罗斯圣彼得堡国立大学)水运工程学院学工程经济,这个专业和数学相距甚远，陈翰馥想当数学家的愿望落了空，他无法再继续钻研心爱的数学了。去苏联前，学校让这批被选上的学生学习一年俄语。看着那些歪歪扭扭的俄语字母，他怎么也提不起兴趣。陈建功依然以温和的语调开导他："外语到什么时候都有用处，将来你会受益终生的。"虽然当初陈翰馥不太明白外语的价值，但是多年以后，他深深地理解和感谢陈建功，因为在后来的学习当中，英语和俄语都成了他不可缺少的学习用具。考虑到国家的需要，他最终还是和许多热血的青年们一道打点行装，登上了北去的列车。

1957 年，陈翰馥在第聂伯河基辅港实习期间了解到国家正在调整留学生专业，成为数学家的愿望又在他胸中燃起，他只身前往我国设在莫斯科的留学生管理处，宁可学制延长一年也要转回数学系。后来，他选择在工程学与数学的跨领域分支学科控制学深耕，重新开始了与数学的亲密接触。刚好父亲陈建功到苏联来参加学术会议，陈建功告诉陈翰馥，1956 年国家有规划，数学方面的发展重点是微分方程、概率论、计算数学，国家在这些方面紧缺人才，让陈翰馥可以在这几个方面选，将来学成以报效国家。再三考虑后，陈翰馥选定了概率论，向未来转战自动控制领域迈进了一步。

1961 年，成绩优异的陈翰馥从列宁格勒大学数学系毕业，他的导师希望他能留在苏联继续数学研究。如同当年东渡日本的陈建功一样，陈翰馥谢绝了导师的再三挽留，毅然回国。1978 年，国际自动控制联合会（IFAC）在赫尔辛基召开第七届世界大会,中国派出了一个规模较大的代表团参加会议,这是中国 1964 年以后第一次派代表团出席 IFAC 世界大会。而陈翰馥带去了代表团唯一的一篇论文,这也是该次大会录取的唯一一篇来自中国大陆的论文。随着研究的深入,陈翰馥先后发表了《随机系统的递推估计与控制》《辨识和随机适应控制》《随机逼近及其应用》等多篇论文和专著。因其在自动控制领域的突出贡献,1993 年陈翰馥当选为中国科学院院士。1996 年,陈翰馥当选为美国电子电气工程师协会会士。2005年,在埃及举行的发展中国家科学院第十六届全体会议上,陈翰馥当选为第三世界科学院院士,这也充分肯定了其为科学事业以及推动科学在第三世界发展方面所做出的杰出贡献。

除了陈翰馥外,陈建功的次子陈翰麟也与数学为伴,立志报效祖国,成了中科院数学研究所研究员;女儿陈翰坤也在杭州师范大学担任数学系教师。爱国志与数学情代代传承,孙辈陈竞一也毕业于北大数学系,现任加拿大英属哥伦比亚大学数学系教授。这些都离不开陈建功、朱良璧二人的言传身教。优良的家风绵延不绝,如清风拂过山岗,当年那个说"求学是为了我的国家,并非为我自己"的少年,最终以实际行动为国家做出了不可磨灭的贡献,桃李满天,光芒璀璨。

熊庆来 ▶ 救国育才的数学界"伯乐"

中国函数论的开拓者

熊庆来(1893—1969),字迪之,出生于云南省红河哈尼族彝族自治州弥勒市,是中国现代数学先驱,中国函数论的主要开拓者之一,以"熊氏无穷数"理论载入世界数学史册。他用法文撰写并发表了《无穷极之函数问题》等多篇论文,以其独特精辟严谨的论证获得法国数学界的交口赞誉,是享誉国内外的著名数学家。

熊庆来幼年时在家乡私塾学习四书五经,14岁进入昆明方言学堂,18岁顺利考入云南省外文专修班学习法语,两年后学成,并以第三名的优异成绩考取赴比利时留学的公费生资格,为国学习采矿。时值战乱,比利时被德国占领后,熊庆来又辗转赴法国学习数学和物理专业。

27 岁那年,他从马赛大学毕业,获得理科硕士学位。毕业后他回到中国,并先后在云南甲种工业学校、云南路政学校、南京东南大学、陕西西北大学、北平清华大学任教。

1926 年,清华学校改办大学,校长梅贻琦聘请熊庆来去创办算学系。其间,熊庆来第一次代表中国出席在瑞士苏黎世召开的世界数学会议,成为唯一的中国代表。

此后,熊庆来再次赴欧访问学习,获得了法国国家理科博士学位,这也是当时的中国科学家在国际上得到的第一个最高学位,可以说是为中国理科学界赢得了极高的声誉。

1934 年,熊庆来回国,在国立清华大学任教。也正是这一年,他的著名论文《关于无穷级整函数与亚纯函数》发表,其中定义的"无穷级函数"在国际上被称为"熊氏无穷数",这一定义成为研究无穷级整函数与亚纯函数的得力工具,他也因这一理论被永远地载入世界数学史册。

此后,他一直从事教育事业,还创办了云南大学附中,为中国的教育资源添砖加瓦。同时,他也没有懈怠学习和研究的步伐,又赴法潜心研究数学多年,于 1956 年撰写专著《关于亚纯函数及代数体函数,奈望利纳的一个定理的推广》,1957 年由巴黎哥特-维拉书局出版,得到同行学者的好评。

1957 年 6 月,熊庆来回到北京,出任中国科学院数学所的研究员、函数论研究室主任,继续从事理论研究工作,并培养青年学者。此后,他将自己人生中最后的 12 年都奉献给了祖国的数学研究和高等教育事业。

纵观熊庆来的一生,他的命运与中国的命运有着深沉的联系。他生于清末乱世,少时为国留洋,学成之后毅然回到处于剧烈社会动荡之中的祖国,投身教学,在多所学校执教。他三次赴欧深造数学理论,在研究上取得巨大成就后带着学到的知识和成果回到国内继续教育事业,启蒙、培养了大批学生、学者,刘光成、华罗庚、钱三强等著名学者都是他的学生,受过他的培育和教导。熊庆来不仅是一位成绩斐然的数学家,更是我国高等教育的奠基者之一,他也因此被誉为中国数学界的"伯乐"。

家庭影响与个人奋斗共促成才之路

要想探寻熊庆来的人生轨迹和他救世情怀的根源,就必须先深入了解当时的社会情况。

在熊庆来出生的 1893 年,中国正值清朝末期,整个国家处于深沉的苦难之中。就社会现实而言,自 1840 年第一次鸦片战争以来,列强一步步加深对中国的殖民和瓜分,蚕食土地、财富和国家主权,而清政府腐败无能,在列强面前退让,对百姓却又施以苛捐杂税。放眼当时的这片土地,社会动荡,民不聊生。

另一方面,在思想上,以富国强兵为目标的洋务运动已经轰轰烈烈地开展了三十余年,"师夷长技以制夷""中学为体,西学为用"等救国主张在士大夫群体中可以说是深入人心,而熊庆来的父亲熊国栋身为清末庠生(即文秀才),正是这一群体中的一员。

在这样的社会背景下,熊庆来诞生在云南的弥勒市息宰村,在这样一个村庄中,他的成才之路看似不可思议,但探寻其家庭教育和成长轨迹,就会发现他能取得如此耀眼的成绩又是一种必然。

熊庆来幼时与当时的许多男孩一样,被送到家乡的私塾读书,学习四书五经。他读书时死啃硬背,族中叔伯都认为他这样的学习方法难以成器,只有他的父亲欣赏他这股肯下苦功夫的钻劲。正因此,父亲熊国栋调赴赵州任儒学训导时唯独带上了刻苦勤学的熊庆来,这也成了他人生中第一个重要的转折点。

古有"孟母三迁"的故事,旨在向一代代的父母和教育者强调学习环境的重要性,尤其当一个人处于幼年和青少年时期,环境在塑造其价值观和思想上都有着非常大的影响。在赵州,熊国栋认识了很多有新思想的人,时常与他们一同谈古论今、纵议时事。在这样的环境中,熊庆来的视野得到了极大的拓展,他开始了解到这个世界是极为宽广的,不只有弥勒、赵州、大理、云南,也不只有中国。他也开始知晓除了四书五经之外,还有现代数学、自然科学和许许多多其他的学科知识和体系。正是从那时起,年少的他心中产生了要走出国门,探索外面的奇妙世界,学习西方的先进知识,再回来报效祖国的理想。

受洋务运动的影响,当时的人们大多认为清政府的接连失败是因为西方拥有船坚炮利,所以多倡导向西方学习船政、海军、路矿、桥梁等实用科目,熊庆来亦是如此。开始时,他前往比利时的矿业学校学习采矿相关的专业,就是认为云南矿产丰富,学成回来后可以马上投入实用,报效桑梓。

但命运总是充满了偶然,第一次世界大战便是熊庆来人生中第二个转折点。比利时沦陷后他辗转来到法国,因缘际会将数学作为了主要专业。在数学这一理论学科的学习中,熊庆来幼时背诵经书的那股子钻劲成了他的一大助力,要想深入理解高深的数学理论,化解数学难题,正需要几年如一日地潜心研究、刻苦钻研,才能有所成绩。

除了肯下苦功外,对于数学的热爱和好奇心也是促使他成功的关键因素。1932年第二次赴欧参加国际数学家大会时,熊庆来对法国著名函数论专家瓦利隆关于亚纯函数的波莱尔方向的大会报告很感兴趣,大会结束后,他当即前往巴黎与瓦利隆一起从事函数值分布论的研究。对于当时研究很少、增长十分迅速的无穷极函数,他引进了型函数的概念,对这一领域做出了系统和精确的研究。他的论文发表在国际重要数学期刊上,有七十多页的篇幅,这种成绩不仅在当时中国的数学界非常少,就是放眼国外,如果不是非常杰出、非常著名的数学家,也是很难做到这一点的。

在法国学成之后,熊庆来本可以凭自己卓越的研究成果留在欧洲继续深造和从事研究,但他满怀一腔报国热情,毅然回到了多灾多难的祖国,执起教案,为祖国培养现代科学的后继之才。期间,他在多所执教过的学校开办数学系,并开设十余门新的课程,还自编讲义,丰富国内的数学教学资源,让中国学子可以在国内的学校里学到他们的先辈必须走出国门才能接触到的知识。

　　教育可以改变人的命运,教育亦是改变国家命运的重要一环。从走出云南的一个名不见经传的村庄,到走出中国走向欧洲,家庭教育和成长环境中的新思想启蒙驱使熊庆来勇敢地向前迈进。从学习矿业这类实用主义学科,到主修数学这样的基础理论科学,既是命运的偶然,也是熊庆来自己思考、探索出的必然——学习矿业、铁路、船政等学科或许确实能解祖国一时的燃眉之急,但若是基础学科得不到发展,就如同没有打好地基的空中楼阁,终究不是长久之计。熊庆来从务实传统出发,着眼未来,为中华民族的振兴培养基础学科的人才。

家教理念:欲成才,先成人

　　熊庆来出身于清末的秀才之家,与他相濡以沫数十载的妻子姜菊缘的父亲和祖父都是乡里的私塾教师,他的家庭虽无法与官宦世家、书香门第相比,但亦知晓教育的重要性,十分重视家庭教育思想理念。

熊庆来一共有五个儿子，一个女儿，除四子早年夭折外，其余的孩子都各有所成。长子熊秉信延续了他一开始想要学习矿业报效桑梓的理想，成了知名的矿业地质学家，对个旧锡矿的成矿规律、矿山地质和采矿方法均有较深研究和重大贡献，是我国锡工业发展的功臣。次子熊秉明从事中文、艺术教育，其余的二子一女也都学有所成，从事教育工作。熊家的儿女能够顺利地成长为各个领域造诣很深、贡献甚大的专家，足以有力地说明熊庆来的家庭教育理念得以成功实践。

熊庆来的家庭教育理念可以用"欲成才，先成人"这六个字概括。熊庆来素来注重家风，公私分明，对子女的作风要求很严格。他在任云南大学校长期间，次子熊秉明有意报考该校，但熊庆来不同意，以避泄题之嫌。这期间他的女儿熊秉慧在南菁中学念书，有一天因为生病怕迟到，想搭学校派给熊庆来的人力车去学校，被熊庆来严厉制止，他严肃地表示："这是学校的车，你不能坐。"熊庆来以身作则，一心为公，同时也为自己的子女、家人立下规矩，绝不能行假公济私之事。

据熊庆来的幺子熊秉群回忆，虽然他们的母亲在嫁给父亲熊庆来时连自己的名字都不会写，但是在教育子女如何做人、如何拥有好的道德品行和修养方面给他们留下了深刻影响。

熊庆来在青年时代目睹了中国的积贫积弱和深重苦难，同时又受到五四运动之后的新思想影响，继而投身民族复兴的大业之中。由于将大多数精力和时间都投入到高等教育和数学研究中,熊庆来很少能顾及子女的教育与培养,但也正是他对教育事业的这份热忱起了很好的言传身教的作用,他的子女们受其精神感召,在他潜移默化的影响下,都积极投身到各个领域为国效力。

熊庆来还是位爱才惜才的育人"伯乐"。

1931年的一天,熊庆来偶然在《科学》杂志上看到一篇关于否定苏家驹五次方程解法的文章,他在这篇文章中看到了作者对这一数学难题的深刻理解,十分欣赏,这位作者就是青年华罗庚。在当时,华罗庚只是中学的一名庶务员,在数学界没有任何名气。熊庆来十分珍惜这个难得的人才,不仅立刻写信请华罗庚来清华,破格让他进入清华算学系,还想尽各种办法为他解决生活上的困难。他精心培养华罗庚,仅半年时间,就让他具备了能和研究生一起听课的水平,后来又破格让他担任助教,将他派驻英国深造。华罗庚回国后,熊庆来再次打破清华的传统制度,让他直接担任教授一职。三次"破格",足见熊庆来对于人才的重视和爱惜。

都说熊庆来是中国数学界的"伯乐",但他不仅是伯乐,更是树人的园丁。伯乐只能识千里马,熊庆来却是在慧眼识人才之后,春风化雨,循循善诱,悉心培养这些青年学子,想方设法给他们提供接受高等教育和深造的机会,为他们铺平成才之路。

华罗庚后来不负熊庆来的厚望,写出《数论导引》等数十本专著,成为中国数学理论的重要奠基人之一。他也继承了老师的育人理念,带领陈景润等一批年轻的数学工作者继续推进中国的数学研究工作。"华—王方法""陈氏定理"等今天耳熟能详的理论,以及众多中国数学界取得的世界级成果,都离不开熊庆来这位爱才惜才的"伯乐"的慧眼识珠。

21 世纪,一所以熊庆来的名字命名的"庆来中学"在他的故乡弥勒市建立起来,许多后来者正接过他曾经高举的火炬,沿着他开辟的研究道路奋力前进,继续为我国高等教育事业添砖加瓦。

第三章

苏步青 ▶ **为学应须毕生力，**
为民为党献余生

东方第一几何学家

　　苏步青(1902—2003)，浙江温州平阳人，中国科学院院士，中国著名的数学家、教育家，中国微分几何学派创始人。他主要从事微分几何学和计算几何学等方面的研究，在仿射微分几何学和射影微分几何学等研究方面取得了卓越成果，被誉为"东方第一几何学家""数学之王"。

　　这样的一名中外闻名的数学家出生在浙江省平阳县山村的一个农民家庭里，父亲靠种地为生，家境清贫，但父母依然省吃俭用供他上学。他也十分争气，12岁时以优异的成绩考入浙江省立第十中学，17岁由校长资助赴日留学，在电机系学习，之后又考入日本东北帝国大学数学系。

　　大学毕业后，苏步青在一般曲面研究中发现了四次代数锥面，他的论文发表后，在日本和国际数学界引起很大反响，人称"苏锥面"。之后，他一边从事教学工作，一边研究仿射微分几何，先后在日本、美国等不同国家的数学刊物上发表论文41篇，研究成果获得多国科学家赞誉，被称为"东方国度上空升起的灿烂的数学明星"。

1931 年，苏步青返回故土，到浙江大学数学系任教。他一边教学，一边坚持科研工作。期间，他与陈建功一起设计了一整套现代化的教学计划，重视数学的基础训练，并引入习题课等教学模式，是系统培养人才的重要教学实践。

任教六年，他培养出一批青年数学人才，在学术上也取得了可喜的成绩，多篇论文在国际上很有影响的杂志上发表，在国际几何学界获得了崇高声誉，并初步形成了以他为首的浙江大学微积分几何学派。

随后，苏步青的研究涉及射影微分几何学、曲面和共轭网等多个方面，陆续出版了《射影曲线概论》《射影共轭网概论》等成果总结性专著，提出了"苏链"等概念，发展了"K 展空间"等理论，于 1956 年获得新中国第一次颁发的国家自然科学奖。据统计，自 1927 年起，他在国内外发表数学论文 160 余篇，出版了 10 多部专著，以及多种教材，可谓是硕果累累。

而在教育事业上，在浙江大学耕耘 20 多年后，苏步青被调至复旦大学数学系，担任教授、数学研究所所长，之后又任教务长、校长和名誉校长。在复旦期间，他开设了"微分几何五讲"课程，并主持计算几何讨论班，牵头多所大学成立了全国计算几何协作组,为中国计算机辅助设计和制造方面的高科技项目提供了理论和方法,并培养了一批理论和实际相结合的人才。

苏步青将自己的毕生精力都奉献给了他热爱的数学研究和人民教育事业,留下了许多极为重要的研究成果,培养了一批批优秀的数学人才,为中国数学发展史写下了辉煌的一页。

人才培养与科教兴国:共铸事业辉煌

从一个走出山村的懵懂少年,到引领学界的数学家和教育家,看似是一个奇迹般的跨越,但纵观苏步青的成长历程,不难发现他的成绩与家庭的支持和他自身自强不息的品格是密切相关的。

苏步青生在一个靠务农为生的家庭里,家境清贫,从很小的时候起就帮着家里做农活,放牛喂猪,种田割草。在这样的生活中,苏步青没有屈服于命运,他很喜欢读书,便一边放牛一边读诗,他的父亲发现他的学习热情之后,觉得不能把孩子困在山村里,便省吃俭用送苏步青去一百多里外的平阳县第一小学读书,当时已经 9 岁的苏步青便成了一名"大龄"插班生。

学习的机会来之不易,苏步青格外珍惜,他刻苦上进,凭借优异的成绩考入中学,又因为非常优秀得到了校长的资助,得以前往日本留学。考大学时，他更是以一介留学生的身份，获得了两门考试均满分的成绩，名列 90 名考生中的榜首，顺利进入名牌大学数学系学习。

苏步青曾与陈建功约定，要在学成后一起到浙江大学，花上 20 年将浙江大学的数学系办成世界一流水平，为国家培养数学人才。在国外获得了科研成就和声誉之后，拥有一片坦途的苏步青怀着对祖国和故乡的深深思念，毅然回到了阔别 12 年的故土，投身高等教育事业。

彼时的国内没有成套的数学教育体系，苏步青就和陈建功一起摸索设计，用实际教学来实践；没有配套的教学资源，苏步青自己编习题、写教材；学校经营困难，四年发不出工资，苏步青就靠自己的积蓄和代理校长的帮助，克服困难，坚持教学和科研工作；抗日战争期间，学校迁至贵州，苏步青一边在山洞里躲避空袭，一边继续教学，为学生举办讨论班。

终于，在他们多年的耕耘之后，功夫不负有心人，浙江大学数学系在培养人才方面的实力逐渐雄厚，具备了较为完整的现代化教学体系，并开始有能力招收研究生。在苏步青最早培养的一批学生中，方德植已经写出了研究论文，熊全治、张素诚、白正国等人也在射影微分几何方面获得了一系列的重要成果。至此，以苏步青为首的浙江大学微分几何学派已开始形成，系里的教习和研究氛围被剑桥大学教授李约瑟称赞为"东方剑桥"。

完成 20 年之约后，苏步青于 1978 年出任复旦大学校长，继续在教研的第一线发光发热。除了对数学的热爱外,苏步青更可贵之处在于他能够精准地看出学科的发展方向,及时为中国的数学界填补空白,指明未来的方向。在上海市数学会年上,他做了题为《几何外形设计理论及应用》的大会报告,之后又开设了"微分几何五讲"课程,主持计算几何讨论班,让计算几何这一新的学科方向从此在国内兴起。退休之后他也没闲下来,到了耄耋之年,仍致力于科教兴国,密切关心国内数学事业的发展。在他的指导下,上海市工业与应用数学学会于1989年成立,此时苏步青已是87岁高龄。

"个人的成名成家是次要的,重要的是要根据时代发展的要求,努力使我国的科研教育事业不断发扬光大。"这是苏步青常说的话。他的教育理念是,应当培养、鼓励学生超越老师,冲破学科界限,开创新领域,发展新学科。这种人才培养方法被他形象地称为"鸡孵鸭"。在这种思想的指导下,他的学生熊全治研究整体微分几何,特别是积分几何;张素诚转向拓扑学;谷超豪转到偏微分方程和数学物理研究;胡和生发展了孤立子的几何理论……后来,他们都成为享誉国内外的著名数学家,极大地拓宽了中国的数学研究领域。

自1931年到1952年的21年间,苏步青培养了近百名学生,其中25位后来在国内十余所著名高中任教,8位被选为中国科学院院士。在复旦大学任职期间,他进一步完善了国内数学教学系统,让复旦出现了三代四位院士共事的可喜情形,在推进中国数学高等教育的事业上硕果累累。

执教数十载，苏步青始终不忘初心。来自家庭的支持让他明白了知识对人的重要性，艰难的求学之路让他在面对难题时始终不畏困难、自强不息，而亲眼看见国家遭受的苦难更是坚定了他的爱国信念，让他在面对国外抛来的橄榄枝时心志不移，毅然投身振兴中华的教育事业中。

儿女情长与爱的氛围

苏家拥有充满爱的氛围。

苏步青的妻子松本米子是他在日本读大学时导师的女儿。在婚后的相处中，苏步青对祖国深沉的爱妻子都看在眼里，并为之感动，在苏步青决定回国时，他的妻子坚定地随他一起来到中国。日本全面侵华之后，面对日本官员的威逼利诱，深知丈夫一片爱国之心的米子也完全不为所动，而是更加细心地照顾丈夫，支持他建设中国的数学教育事业。

苏步青夫妇一共有 10 个孩子，虽然都没有接过父亲数学研究的接力棒，但是都在各自的岗位上默默耕耘，为国奉献。除了在日本出生的大女儿，其他的孩子都诞生于国家动荡之时，一家人生活拮据，颠沛流离，养育孩子成了很大的负担，有人劝他将几个孩子过继出去，都被他严词拒绝了。在他看来，每个孩子都承载着他和妻子的爱，如何能忍受与孩子失散。而对自己的孩子，他并不要求他们成才，只希望他们能够健康长大。为此,他们夫妇俩节衣缩食也要保障孩子们的衣食。

都说家庭教育理念往往体现在言传身教之中,父母以身作则才是对子女最好的家庭教育。苏步青虽忙于数学研究和教育事业,但同时又兼顾家庭教育,重视与儿女的沟通,他与孩子们用家书交流,将自己坚定不移的爱国情怀与科研精神书写其中。

苏步青的长女苏德晶是一名普通的人民教师,在连云港化工高等专科学校(今江苏海洋大学)教书近四十载。苏步青一生淡泊名利,在教育界默默耕耘,受父亲影响,苏德晶为人低调,除了学校里的一些老师外,鲜少有人知晓她与苏步青的关系,她也很少在外人面前提起自己的家世。

父母勤俭持家的精神在苏德晶的生活中也体现无遗,她退休离开连云港之际,家中没有什么值钱的物件,家具、家电都是用了几十年的,家里最显眼的就是挂在墙上的,由其父苏步青赠予的赋书:"安得教鞭重在手,弦歌声里尽余微。"为国家的教育事业尽绵薄之力,便是父亲对女儿的殷殷期盼了。

父亲的远大抱负和爱国情怀苏家儿女也看在眼中,苏德晶会来到连云港教书就是为了响应国家号召,支援苏北发展。1991 年,苏步青获得何梁何利基金科学与技术成就奖,之后,他把一百万奖金尽数捐给国家的教育事业。受父亲的感召和熏陶,苏德晶也十分关爱自己的学生,总是尽自己所能资助贫困学生。退休后,她的生活并不富裕,但依然尽力帮助那些交不起学费的学生。

2016年10月，已经88岁高龄的苏德晶老师还亲自前往江苏省扶贫开发的重点区域——石梁河片区的城头镇曹瓦沟小学，向学校捐赠2万元用于购置教学器材，资助贫困学生完成学业。在捐赠活动现场，面对师生的感谢和大家的赞誉，她却十分谦虚，认为和父亲苏步青相比，她的付出是微小的。

除了数学，苏步青对诗歌也有着深切的热爱。

如果苏步青幼时没有与诗结缘，没有在牛背上朗朗背诵《千家诗》《唐诗三百首》，他的父亲也不会发现他对读书和学习的热爱，也不会有之后鼎鼎大名的数学家、教育家苏步青了。

为了报效祖国，苏步青选择"弃"诗从数，但在研究数学和献身教学之余，他其实并没有舍弃对诗歌的热爱，翻开苏步青的人生画卷，是满满的诗情画意。苏步青一生写作诗词五百余篇，他的诗篇中有夫妻之爱、兄弟之情、朋友之谊，这些诗歌将个人命运与家国忧患、民族大义紧密相连，既体现出他细腻的情感，同时也生动地描绘出他的数学思维和育人理念。

"深厚的文学、历史基础是辅助我登上数学殿堂的翅膀，文学、历史知识帮助我开拓思路，加深对数学的理解。"在苏步青看来，数学和旧体诗都十分重视想象和推理，读写旧体诗能起到"窗外看雁阵"的作用，可避免头脑僵化，锻炼形象思维，"对打开思路、活跃思想是很有好处的"。因此，在教导学生时，他总是鼓励学生劳逸结合，培养一些在艺术或是文学上的爱好。

报国志和强国梦是贯穿苏步青一生的信念,无论是在家庭教育中还是在教学工作中,他总是身体力行地教育自己的孩子和学生要热爱祖国,立报国之志。而从小在诗歌中建立起的形象思维又让他用联系和发展的视角进行数学研究,让他在教学实践中具备创新的思考方式。

第四章

华罗庚 ▶ 我们最好把自己的
生命看作前人生命
的延续

中国现代数学之父

华罗庚(1910—1985),著名数学家,中国科学院院士,美国国家科学院外籍院士,曾被授予法国南锡大学、香港中文大学和美国伊利诺斯大学荣誉博士学位,是中国近现代数学的奠基人和开拓者,被誉为"中国现代数学之父",为中国数学发展与突破做出了伟大贡献。在国际上,华罗庚有着广泛的学术影响,有着"华氏定理""华氏不等式"等多项以华氏命名的数学科研成果,被列为芝加哥科学技术博物馆 88 位世界数学伟人之一。美国著名数学史家贝特曼曾谓:"作为中国的爱因斯坦,华罗庚完全有能力、有资格成为世界上任何一所著名科学院的院士。"

1924 年,15 岁的华罗庚从金坛中学毕业后,前往上海中华职业学校求学,不到一年,便因家贫无奈辍学。但他没有轻言放弃,凭借艰难但刻苦的自学,华罗庚敲开了数学世界的大门。1930 年,华罗庚在《科学》杂志上发表的关于代数方程式解法的文章得到清华大学数学系主任熊庆来的重视,华罗庚因此被破格邀请到清华大学工作,开始了他数论的研究之旅。1946 年,华罗庚赴美国深造,任普林斯顿高级研究所研究员。1950 年,华罗庚响应祖国的号召回国工作,决心为国家的建设添砖加瓦。他历任清华大学教授,中国科学院数学研究所所长、应用数学研究所所长,中国数学会理事长,第一至六届全国人民代表大会常务委员,第六届全国政协副主席,中国科学院学部委员(院士)、副院长,中国科学技术大学数学系主任、副校长,中国科学技术协会副主席等职,在无数个岗位留下了光辉的脚印。学术方面,华罗庚主要参与了解析数论、矩阵几何学、典型群、自守函数论、多复变函数论、偏微分方程、高维数值积分等多领域的研究与教授工作,并取得了突出成就。

华罗庚一生发表研究论文二百多篇,有专著和科普性著作数十种,在发展数学教育和科学普及方面做出了卓越贡献。他的专著《堆垒素数论》系统地总结、发展与改进了哈代与李特尔伍德圆法、维诺格拉多夫三角和估计方法及他本人的方法,被译为多国语言,成为 20 世纪的经典数论著作之一,出版多年来主要成果仍居世界领先地位。丘成桐评价华罗庚时说:"浮四海,从哈代,访俄师,游美国。创新求变,会意相得。

堆垒素数，复变多元。雅篇艳什，迭互秀出。匹夫挽狂澜于即倒，成一家之言，卓尔出群，斯何人也，其先生乎。"

天赋丰厚，多才好学：杂货铺里走出的数学大师

1910 年 11 月 12 日，华罗庚出生在江苏省金坛县（今江苏省常州市金坛区）境内一个普通家庭里，父亲名叫华瑞栋，是个开杂货铺的商贩，母亲则是一位勤劳贤惠的家庭妇女。父亲老来得子，倍加宠爱，于名字中寄托了对儿子的美好希望——"罗"，即"箩"，象征"家有余粮"，"庚"则蕴含着"同庚百岁"的无限希冀，同时也与"根"同音，有"华家之根"意，表明了父亲对这个儿子的重视。

12 岁那年，华罗庚正念初一，开始接触较复杂的数学问题。数字计算的无穷奥秘，数学应用的千变万化，公式推演的奇妙真理，让华罗庚沉迷其中，惊叹不已。直到他因付不起学费被迫辍学，回家照顾杂货铺的日子里，他演算的笔迹仍连绵成一不绝的山谷，供他求索若渴的灵魂在其中奔跑遨游。从柳下风低到细雪融雨，纸笔相摩的声音细小却坚定地在杂货铺里"沙沙"响起，有时遇难题冥思苦想，他竟听不见顾客问价的声音；有时新得一种解法，他又欢喜得将演算草纸当作零钱找给顾客，直到一声"罗呆子！"响起，他才从数学世界中恍然惊

醒。就这样,华罗庚依靠他的勤奋和天资,一步一步走进了清华大学紫荆葳蕤的庄严校门。

华罗庚说,科学的灵感绝不是坐等可以等来的,如果说科学上的发现有什么偶然的机遇,那么这种"偶然的机遇"只会留给那些学有素养的人,给那些善于独立思考的人,给那些具有锲而不舍的精神的人。在因病致左腿残疾后,华罗庚走路要用左腿先画一个大圆,右腿再随之前进一小步,对于这种奇特而艰难的步履,华罗庚将其笑称为"圆与切线的运动",他说:"我要用健全的头脑,代替不健全的双腿。"凭着这种精神,他从一个只有初中文凭的青年成长为一代数学大师。吴耀祖院士回忆起华罗庚时说:"华先生天赋丰厚,多才好学,学通中外,史汇古今,见识渊博,论著充栋。他的生平工作和贡献,比比显示于他经历步过的广泛数学领域中,皆于可深入处即深入探隽,可浅出的即浅明清澈,能推广的即面面推广,能抽象的即悠然抽象。"

就在华罗庚逝世前半个月,一位记者曾问他:"您最大的希望是什么?"华罗庚思索片刻后回答道:"我最大的希望,是工作到我生命的最后一天。"这位"人民的数学家"为他钟爱的数学事业奉献了毕生的精力与汗水,他非凡的品格、卓越的成就、辉煌的荣誉与其坎坷曲折的奋斗人生,影响着祖国一代又一代的青少年和科学工作者。2021年9月28日,"华罗庚星"命名仪式在常州金坛举行,国际编号为364875号小行星以华罗庚的名字命名。从此,天上多了一颗华罗庚明星,而在中华民族伟大复兴之路上，这样的星星缀满苍穹，熠熠生辉。只愿新时代下，科技工作者们都效仿华罗庚，怀一腔爱国热忱，立一番科学伟业，传一篇优良家风，做一位人民科学家。

言传身教与细微关怀：做孩子事业和人生的领路人

华罗庚一生与妻子共同养育了六个儿女，大儿子华俊东从小在父亲的耳濡目染下，对数学也有极高的好奇和热情，担任了中国医学基金会顾问；二儿子华陵对生物、物理方面有着热切兴趣，后成为中科院生物物理研究所的一名研究员；小儿子华光和二哥一样在中科院就学，后成为中科院的党委书记；二女儿华苏继承了父亲的衣钵，从小便热爱数学研究，后在清华大学数学系任教；大女儿华顺和小女儿华蜜虽然没有像其他兄弟姐妹一样担任重要职务，但都为祖国建设贡献了自己的一份力量，在不同的领域里发光发热。在艰苦的岁月里，华罗庚与妻子克服重重困难，把六个孩子都培育成了优秀的人才。

据大儿子华俊东回忆，华罗庚对几个孩子宠爱但不溺爱，有时甚至有些严厉。他曾请教父亲一道很简单的数学题，父亲生气地让他独立思考，不要养成不动脑的坏习惯。小儿子华光聊到华老对他的教育和启发时说，学习首先要培养孩子的兴趣,喜欢数学就给数学书看,让他自己想,自己做,充分发挥孩子的能动性,培养孩子的独立性,同时给予孩子一个宽松的环境。

1949年新中国成立后,华罗庚心潮起伏,激动不已,他克服美国政府设置的万难险阻,与家人一起义无反顾地回到了祖国。1950年抵达香港后,华罗庚写下了一封充满爱国激情的《致留美学生的公开信》,号召和鼓励海外学子"为我们伟大祖国的建设和发展而奋斗"。华罗庚的所作所为对他的孩子产生了深刻的影响,华家爱国奉献的家风美名远扬。从事配音工作20余年的华罗庚外孙张震曾在节目上慷慨激昂地诵读了这封公开信:"朋友们!梁园虽好,非久居之乡,归去来兮!为了抉择真理,我们应当回去;为了国家民族,我们应当回去;为了为人民服务,我们也应当回去……"

当时的中国百废待兴,华罗庚回国后立刻投入了高强度的工作。华罗庚的女儿华蜜回忆起父亲时感慨道,父亲脑海里仿佛有两个机器,一个专门研究数学,一个处理其他事情,每当研究数学的机器开始运转,另一个就会"停机",即便在家里陪孩子们下棋下得正热闹,华罗庚也可以迅速沉浸到突发的工作里。华蜜说,自家与普通人家中最大的区别是客厅里有一面大大的黑板,这是为了方便父亲与学生们讨论数学。华罗庚辛勤认真、一丝不苟的工作态度使儿女们耳濡目染,华罗庚在教育儿女时说:"我们最好把自己的生命看作前人生命的延续,是现在共同生命的一部分,同时也是人生命的开端。

如此延续下去,科学就会一天比一天更灿烂,社会就会一天比一天更美好。"

为了帮助解决实际生产中的难题,华罗庚连续 20 余年深入全国 27 个省、市、自治区,奔赴工厂、矿山和工地,与工人、农民同吃同住,撰写通俗读物,讲解优选法与统筹法,创造了可观的经济效益。秉持着"生产若能长一寸,何惜老病对黄昏"的理念,华罗庚坚持把科学知识和科学方法送到工农群众中去。

但由于华罗庚常常忙于工作,在家里的时间十分有限,夫人吴筱元承担起了对子女关心和教育的重任,续写了华罗庚的"爱国公式"。华罗庚家的优良家风不仅得益于华罗庚的言传身教,还离不开夫人吴筱元的细心操持。吴筱之不仅处理家务,还帮丈夫抄写论文和书信,承担起待客的各种杂务。家中亲戚曾问吴筱之是否觉得太过操劳,她的回答是:"我能帮一点忙,他就能少操一点心,为国家多出点力。"纵然只是一个仅有小学文化的妇人,吴筱之却依然弘扬着爱国敬业的优良家风,心怀祖国。

华罗庚十分重视对孩子们品德的培养,常常教诲他们"人家帮我,永志不忘,我帮人家,莫记心上"。在学习方面,华罗庚最希望孩子们有的两个品质是"能积累"和"能自学"。能积累是强调勤奋,尽管总有人说华罗庚是天才,但他依然把自己的成就归功于勤奋。他常告诫孩子们:"天才是不足恃的,聪明是不可靠的,要想顺手拣来的伟大科学发明是不可想象的。""在寻求真理的长河中,唯有学习,不断地学习,勤奋地学习,有创造性地学习,才能跨越崇山峻岭。"能自学则是华罗庚结合自身经历得出的经验,他知道每个人都迟早要离开学校,故养成自学的习惯十分重要,"自学,就是一种独立学习,独立思考的能力。行路,还是要靠行路人自己"。这些告诫,不仅让华家的孩子们受用无穷,青年们也受益匪浅。

夫妻相携,内外相应,华罗庚夫妇以自己的言传身教与细微关怀,成为孩子事业和人生的领路人。

第二篇

物穷其理

致知在格物。

——《大学》

　　古人的格致之学，指的是探究世间万物的道理，也就是宋明理学家所谓的"即物而穷其理"。中国人最早翻译物理学即称之为格致学或格物学。后来黄昆先生把它概括为八个字："物穷其理，宏微交替。"在宏观与微观的两极之中，世界展现了其无穷的可能性。物理学家和生物学家对于世界的广大有充分的认知，在子女的教育当中，他们常常会强调素质的全面发展。物各有主，人亦如此。万物有自己的属性，各人有自己的天赋。

　　尊重个性，包容自由，这是物理人与生物人家庭教育的共同理念。

第一章

吴有训 ▶ 与诺奖擦肩而过，
为祖国奉献一生

中国现代物理学研究的开拓者和奠基人

　　吴有训(1897—1977)，伟大的物理学家，中国现代物理学研究的开拓者和奠基人之一，早年间验证了"康普顿效应"这一量子力学理论的奠基性发现，回国后积极投身教育事业，为中国理论物理学研究培育了许多人才。

　　1916年，吴有训考入南京高等师范学校理化部，师从胡刚复等学者，培养了对物理学浓厚的兴趣。1922年，他进入芝加哥大学物理系学习，师从著名学者阿瑟·康普顿，以验证"康普顿效应"的成果于1925年获得博士学位。阿瑟·康普顿凭借"康普顿效应"的成果在1927年获得诺贝尔物理学奖，吴有训因自己的研究对"康普顿效应"做出了重要贡献。

　　1926年，吴有训回国后，参与江西大学的筹备工作。并在

1927年以后,先后在国立第四中山大学(原南京高等师范学校,后更名国立中央大学)、清华大学、西南联合大学等学校任教,并担任各校院系领导职务。1936年4月,吴有训被德国哈莱自然科学研究院推举为该院院士,成为第一位被西方国家授予院士称号的中国人。1945年,吴有训任国立中央大学校长。1947年,吴有训赴美,先后在哈佛大学和麻省理工学院等院校进行短期访问。1948年,吴有训凭借长期以来在学术研究与教育上的突出贡献,当选中央研究院第一届院士。同年底,任上海交通大学教授。

中华人民共和国成立以来,吴有训先后出任中国科学院近代物理研究所所长、副院长等职务,并在1958年8月出任中科院新设立的原子核委员会同位素分离委员会主任委员,负责领导我国的同位素分离、制备、应用等工作。这些岗位自然需要耗费吴有训大量的精力,但他一心为公,为国家核事业、物理学研究事业创造了良好的科研环境,并培育了众多的后备人才,实现了科研与学术的良性循环。自此以后,吴有训积极参与国家科学技术发展规划,为科技发展建言献策,在中国科技发展史上留下了浓墨重彩的一笔。

吴有训一生投入科研与教育事业,为国家乃至世界培养了钱伟长、钱三强、邓稼先、杨振宁、李政道等极为优秀的人才。这些学生在物理学研究中取得的巨大成绩,做出的突出贡献,与吴有训的辛勤工作与付出是密切相关的。树的关键不在于枝干,而在于树根;但人们只看得到分岔的枝丫,往往忽视了根系的强健。吴有训殚精竭虑，正是为了让中国的物理学研究事业朝着正确的方向前进。

留学美国与回国报效：科研一生，勤苦一生

1925 年，吴有训获江西官费支持，赴美国芝加哥大学留学，师从康普顿教授。1923 年 5 月，康普顿首次公布了他的有关 X 射线散射光谱的实验结果，由于观测到 X 射线散射现象必须要用光的粒子性来加以说明，这一结果引发了轩然大波。因为康普顿的论文里只涉及一种散射物质石墨，这一发现究竟只适合这一种条件，还是具有普适性可以作为一条基本规律被提出，尚且需要更深入的证明。康普顿隐约意识到，如果他的推测结论即"光具有粒子性"成立，学界将会迎来一次影响深远震荡，这也将成为他一生中最重要的成果。就像一幢尚未建成的宏伟大厦，他已经能预想到封顶后的金碧辉煌了，而大厦封顶的工作，则交给了他的学生吴有训来完成。

1924 年到 1926 年，吴有训就"康普顿效应"问题发表了 9 篇论文，他用大量的实验事实证明了康普顿效应的广泛适用性。由于吴有训特别重视实验的精密与可靠性，这些工作得到了康普顿本人的重视与高度评价。他把吴有训实验中获得的 15 种物质的 X 射线散射光谱与他自己的石墨晶体散射光谱一并收入自己的专著中，成为其量子散射理论的主要实验

证据,也成为物理学史上的经典。不久后,康普顿因此发现获诺贝尔物理学奖,这其中正有吴有训的一份贡献。

在芝加哥大学大显身手的吴有训,俨然成为康普顿教授的一员得力干将。他年轻,有活力,正处在学术生涯的巅峰期,可以说未来成就不可限量。而当时的中国,一穷二白,军阀混战,很少有人能相信他会放弃在美国的前程而回归祖国。但他时刻挂念祖国:他明白,自己来到美国,是为了学习先进的科技知识,为了交流与进步;他属于并且只属于中国,哪怕它千疮百孔、遍体鳞伤。所以有了下面的对话:"吴,留在美国有好的科研条件。""毕竟我是个中国人。"

1926年回国后,吴有训先参与筹建江西大学,继而在南京国立第四中山大学短暂任教。1928年,吴有训出任清华大学物理系教授。吴有训开课后,常常有四个年级的学生挤在同一间教室里听课。有些学生最初仰慕他的名头,想见见这位走在国际前沿的大物理学家的风采,哪怕一开始并非纯为求知,最后却常常被他的博学、细致、谨慎折服。在一穷二白的情况下,吴有训时刻注意寻找便宜简单的实验装置,修旧利废,为的是让条件不好的学生们也能尽量有机会看到物理实验的全过程,理解在物理学研究中"动手"的重要性。

清华大学物理系第一期毕业生王淦昌日后回忆说,为完成他自己的本科毕业论文,实验中需要一台当时颇不易得的高压电源,吴有训跟他一起寻找节约的办法,最终改造了一台闲置不用的静电发生器作为高压电源,完成了实验。富裕的国度,有富的办法;穷苦的国度,有穷的途径。但学术是不能不发展的,科技是一刻也不能停的。艰难的环境如惨白的危墙,现实逼仄,摇摇欲坠,吴有训的双手撑住了房梁,为的是保存燃起的星星火种。1937 年抗日战争全面爆发前,清华大学物理系总共教授了 9 期 50 多位毕业生,其中有 22 位后来成为中国科学院学部委员或国际知名学者。著名物理学家严济慈曾称赞吴有训的工作"实开我国物理学研究之先河"。

吴有训始终关注国际上科技发展的新动向,在这一点上,他有敏锐的嗅觉。1945 年,美国在日本广岛和长崎投下两枚原子弹,这一消息吸引了他的注意力。同年,他就任国立中央大学校长的第一件事,就是在校内设立一个原子核研究室,任命他从西南联大借来的唯一一位教授赵忠尧出任室主任,并且和萨本栋教授积极会商,一行人共同研究制订了名为"数理化中山计划"的中国原子能研究计划。因当时国内形势复杂,此计划中的大多内容都不能实现,但体现出吴有训在培养核物理人才上倾注的极大心力。1965 年 10 月,中国第一颗原子弹试爆成功半年后,党和国家领导人接见了中国原子弹工程研制的主要科研人员,吴有训时任中国科学院副院长,也参与了这次会见。他看到被接见的科研人员,感到十分熟悉,因为这些人几乎都是他曾经的学生。

重教之家代代相接：使命艰难，虽远必至

　　吴有训出生在江西高安的一个村庄里。这里并不是一个与世隔绝的地方，相反，这里的樟树高耸，世所称道，两人合抱粗的木材垒成山，或制成家具，或作为药材，运往全国各地，清香散发，持久不散，当地的条件和传统造就了经商的文化。商人来往四处，外界的奇闻轶事均能收入耳中。吴有训在这里的一个商人家庭中长大。他的父亲吴起辅正是一名商人，为人谨慎，善于理财，给他提供了良好的环境；又正因为他的父亲是商人，交易往来，历历在目，使得吴有训虽然一生与书相伴，却并不拘泥，有灵活变通、长于交涉的能力。

　　他的家庭相当重视教育。他5岁进入私塾，7岁读小学。15岁的时候，吴有训考入瑞州中学，后转学到南昌心远中学这一享誉海内外的名校。他一直以来用心向学，且接受过新旧两种教育，因而基础很不错。1916年，吴有训毕业，考入南京高等师范学校理化部，师从著名物理学家胡刚复。在老师胡刚复的指导下，吴有训逐渐培养起对X射线研究的浓厚兴趣。

　　后来，吴有训赴美留学，走入学术生涯的坦途，他的家庭一直都在背后默默支持。在当时，更多家庭对孩子的期望，不过是当一个小官，光耀门楣，回归乡里罢了。也许是因为商人走南闯北、见多识广的特性，他的父亲从不干涉他的决定，而

是支持他，因为信任自己孩子的眼界。给孩子什么样的信任，孩子就会给家人什么样的回报。求知欲是吴有训的天性，他想要的不仅是知识，还想要"求知"这一动作本身。幸运的是，他没有被干涉与干扰，因此能够在科学研究的道路上一路向前，不曾犹豫。

对孩子，吴有训也不干涉他们的选择。他有 5 个孩子，有些孩子的境遇并不好，但他从来没有干涉过孩子的职业选择，一如他的家庭并未干涉过他自己的选择。他的次子吴惕生，1953 年于北京大学毕业，分配到军事医学科学院，从事辐射剂量学研究。由于身处第一线，又没有很好的设备与防护条件，经常受到超容许计量的照射，因此染上了严重的辐射病，从未治愈，出院后转到电子显微镜专业，继续坚持工作了 20 年。1984 年退休时，吴惕生被认定为二等甲级革命伤残军人。三子吴再生，1950 年高中二年级时响应抗美援朝号召，报名参军，战争结束后留在部队，当了一辈子海军工程兵，生活条件异常艰苦。吴有训夫妻多次写信劝吴再生服从组织安排，在祖国需要的地方安心工作。中华人民共和国成立后吴有训已经是国内外知名的科学家，先后担任重要职位，有一定的权力和人脉，但他从来没有为自己的孩子动用过。

吴有训不会不知道自己的两个孩子选择了怎样艰苦的道路，也不会没有能力改变他们的命运，但是既然出发点是为国家奉献，他就坚决不会反对，反而会在吴再生坚持不住的时候，劝他再努把力，继续为祖国做贡献。在他看来，只要是有益于国家的,再艰难,自己再不忍心,都尊重孩子的选择,坚决不会阻拦。正如他的父亲对他做的那样:只要是有益于祖国,有益于人民的事业,再艰难,再不合自己的心意,也坚决不阻拦自己的孩子,尊重自己孩子选择的道路,帮助他们完成自己的使命。

当人们谈起中国科学发展的巨大成就,常常忘记这位淡泊名利、低调行事的先行人,忘记这位为祖国奉献一生的爱国者。他默默地耕耘着,在最艰难的道路上行走,像一个不知疲倦的影子,像一井无波无澜的深泉,深信一切努力都有收获,一切使命终将完成:哪怕是由后人接手,哪怕命运的回复是遥遥无期。

严济慈 ▸ 科"济"之光,"慈"训无双

中国光学研究的奠基人

严济慈(1900—1996),生于浙江东阳,九三学社社员,物理学家、教育家,中国现代物理学研究工作的创始人之一、中国光学研究和光学仪器研制工作的奠基人之一、中国研究水晶压电效应第一人。他培养了陆学善、钱临照等科学人才,王大珩、钱三强等人在他的教育指导下成为著名科学家。

济慈先生一生写作科学论著众多,除了期刊论文,他还为国家基础教育编写教材,真正做到了将学术理论融会贯通,既能攻坚科学难题,也能深入浅出地教授基础理论,对中国科学教育事业的发展做出了重要贡献。自 1927 至 1938 年间,严济慈单独或与合作者一起共发表 53 篇论文,其中前 11 篇是他 1927 至 1931 年在法国工作时发表的,后 42 篇是在北平研究院物理所工作时发表的。53 篇论文中,法文 40 篇,英文 12 篇,德文 1 篇,除 4 篇在英文版《中国物理学报》发表外,均刊登在法、英、美、德等国重要学术刊物上(如《法国科学院周刊》《自然》《物理评论》等)。1986 年,科学出版社汇集出版了《严济慈科学论文集》。此外,他还编著了从初中到大学的 10 种数学、物理教科书,如《初中算术》《几何证题法》《普通物理学》《高中物理学》《初中物理学》《热力学第一和第二定律》《电磁学》等。

严济慈先生一直关注中国的教育。作为中国科技大学筹备委员会的主要成员之一,他参与了学校的创建工作,提出并实施了一系列办学的新举措,逐步建立起培养学士、硕士、博士学位的完整教育体系,调整了学科结构,增设了一些新兴技术方面的系科和专业,创建了中国高校中第一个大型科学工程——国家同步辐射实验室,创办了中国第一个少年班,为改革开放后的中国培养出了第一批博士。在重建中国科技大学的同时,严济慈还积极参与筹划在北京原科大旧址创办中国科技大学研究生院。

心向光明与真理:不断攀登科学高峰

严济慈人如其名,是一个心怀济世间学子之理想的慈爱师长,是心系祖国的令人崇敬的科学之光。他从小聪颖好学、刻苦上进，在年少时就展示出了在数理方面极高的天赋，9 岁时就对父亲从杭州书摊上买回的从日文翻译过来的《笔算数学》小学教材十分感兴趣。中国著名的翻译家、当时东阳中学的英语教师傅东华十分喜爱这个学生，为他取字"慕光"，希望他追求光明和真理。

严济慈的一生确如他的老师所期望的那样，始终向着闪耀"科学之光"的高峰奋力攀登。作为数理天才，他确如璀璨星子一般以极高的天赋和多项史无前例的成就照亮了真理的天空，为中国的科学事业带来了珍贵的光明。1923 年 10 月，满怀学习国外先进科学技术抱负的严济慈，赴法国巴黎大学深造。在补习了半年法文之后，于 1925 年获得数理科学硕士学位，这在巴黎大学史无前例，严济慈一举成名。

1925 年 10 月，严济慈师从著名物理学家夏尔·法布里教授，攻读博士学位。经过一年半的学习研究，他精确测定出"晶体压电效应反现象"，证实了皮埃尔·居里的设想。1927 年春，刚刚当选法国科学院院士的法布里，在首次出席法国科学院院士例会时，宣读了严济慈完成的博士论文《石英在电场下的形变和光学特性变化的实验研究》。这是法国科学院第一次宣读一位中国人的论文，震动了法国物理学界。严济慈成为世界上第一个精确测定石英压电定律"反现象"的科学家，也成为第一位获得法国国家科学博士学位的中国人。《巴黎晨报》在第一版显要位置刊登了新院士法布里教授和中国学者严济慈的新闻，并配以醒目的照片。在那样一个国人颇受歧视的年代,这不仅是严济慈个人的荣誉,更是所有中国人的骄傲。1927年7月,严济慈启程回国。在回国的邮轮上,他结识了留法的青年美术家徐悲鸿。严济慈和徐悲鸿虽是初遇,却一见如故,特别投缘。途中,徐悲鸿为严济慈画了一张肖像素描,并题写了一行法文小字:"致我的朋友严济慈——科学之光"。

回国后,严济慈先后执教上海大同大学、中国公学、暨南大学和南京第四中山大学。他还参与筹建中央研究院,任理化实业研究所筹备委员。他意识到要让科学研究在中国大地生根,只有少数立志献身科学、努力奋斗的人是不够的,必须培养科学人才,形成研究队伍。1930年12月,严济慈接受北平研究院院长李石曾的盛情邀请,出任北平研究院物理学研究所所长。两次赴法留学,严济慈与居里夫人结下了深厚的友谊。1931年3月,为了筹建中国放射性实验室,他写信向居里夫人求教。居里夫人寄来了含镭的盐样品和放射性氯化铅,并回信给予了热心的指导,对筹建中的镭学研究所致以良好祝愿,希望它"旗开得胜,并逐步发展成为一个重要的镭学研究所"。1932年,北平研究院镭学研究所成立,严济慈兼任所长。同年,严济慈参与创建了中国物理学会。在北平的8年时间,济慈先生把教育工作和科学研究两手抓,几乎是废寝忘食地工作,在当时简陋的条件中白手起家,填补了中国科学研究事业的空白,是中国物理事业当之无愧的开拓者。

国家危难来临之际,严济慈展现出了绝对的大学者风范和科学家的责任担当。1937 年，严济慈启程第三次赴法国执行任务，到巴黎一个星期后，震惊中外的七七事变爆发。不久，南京沦陷的消息传来，朋友们劝他留在法国，并把家眷接来，但严济慈认为："国家处在生死存亡的关头，作为一个中国人，怎能袖手旁观。我虽然不一定能够拿起刀枪，但我有自己的岗位，可以用自己的知识为国家、为抗战效力。"1938 年初，严济慈动身回国。途经里昂时，他接受《里昂进步报》记者的采访，发表对中国抗战形势的看法。他说："中国是绝不会灭亡的。中国人民的抗战是正义的事业，不管战争要持续多久，情况多么险恶，最后的胜利必将属于中国人民。作为我个人来说，我将和四万万同胞共赴国难。我虽一介书生，不能到前方出力，但我要和千千万万中国的读书人一起，为神圣的抗战奉献绵薄之力。"

从北平到昆明，南北纵横千里，途中不时有敌人的飞机轰炸，危难条件下，严济慈冷静地带领物理所全体人员以为抗战服务为重，全力从事军需用品的研制和与国计民生相关的应用物理研究工作。在黑龙潭的破庙和简易平房里，严济慈亲自动手研磨镜头，测量焦距，装配检验。在他的领导下，物理所生产了 1000 多具无线电发报机稳定波频用的石英振荡器、300 多套步兵用的五角测距镜和望远镜、500 台 1400 倍显微镜、200 架水平经纬仪、50 套缩微胶片放大器等，供前线抗战和后方医疗、科研教学使用。这是中国自己制造的第一批光学仪器，严济慈用他的学识和能力在抗战的后方为打退敌人、

保卫家园做出了重要贡献,其风骨和精神、功业与伟绩怎能不
让人心生敬佩!

严谨、宽和、包容:夫妻之爱与亲子之情

1984 年,中国著名历史学家周谷城为严济慈写了一首诗:
"学府东南有女生,首开风气自由婚。于今伉俪双高寿,当日
青年正妙龄。五子登科开学运,一家小院有科名。家庭幸福
斯为美,不愧先驱作典型。"称赞其幸福美满的大家庭。2021
年,在严济慈 120 周年诞辰座谈会上,中国科学院大学教授杨
佳说,从严济慈的孙女严慧英身上看到了严家家风。在严济
慈的言传身教下,严家成员从小便沐浴在浓厚的学术氛围里
面,对于数理有着深刻的兴趣,也在各个领域学有所成,5 子均
在中国科学院工作,因此这个家庭又被人称为"小科学院"。
严济慈的长子严又光是中国第一台数字式计算机的主要设计
者,次子严双光生前是国防重要工厂的副总冶金师。儿孙的
身上都有严济慈的影子,他们心里都装着国家事,肩上扛起国
家责,为国家事业奉献心血义不容辞。

严家家风严谨却宽和包容。严济慈对于晚辈在品德、做
人方面的教导堪称严格,反复强调"无论你做什么,你都得做
一个正直善良的人"。在小孙女严慧英的印象中,爷爷对自己
的恩师何鲁、熊庆来、胡刚复等人特别尊重。严济慈常对人

说,没有恩师的精心培养与教导就没有自己后来的成就,所以他坚持每年过年带着全家到恩师的家里拜年,毕恭毕敬像个小学生。尊师重道,这是严济慈教给严慧英的美好品德之一。家里送客的时候,无论是谁,严济慈一定要带着家人一起把客人送到门口说再见。在很多小事情上,小时候的严慧英觉得爷爷过于严厉。她记得有一次在放学回家的路上捎带买面条,被多找了几分钱,爷爷奶奶也会要求她折返一趟把钱退给店家,少给别人钱了也要再补回去……严慧英后来明白这是对于"尊重别人"的坚持,也是教育孩子"不要贪图不是自己的东西,哪怕是一点点的小东西"。

严济慈坚持为家里孩子创造一个宽松的环境,让孩子们做自己愿意做的事情,所以严家的晚辈也得以在各个领域彰显才能。比起学习理工科,严慧英自小更爱文学,严济慈从未勒令孙女必须学好理工科,而是鼓励她在擅长的方面发挥能力。严慧英后来回忆道:"我理科成绩不好,爷爷作为一个大科学家来参加我的家长会,我想这需要多大的耐心和包容啊!"

严济慈在法留学期间曾给当时还是未婚妻的妻子写很多情书,编成一本《法兰西情书》,当中蕴含了严济慈求学求知立业的远大理想和爱国爱民爱家的家国情怀。这种爱国情怀和他认真做事、诚恳待人的原则,影响了一代又一代人,严慧英在这种教育环境里面成长,她觉得即便自己没有从事科研工作,也要为国家发展、民生福祉尽绵薄之力。偶然的机会,严慧英接触到尘肺病人这一群体,身为全国政协委员的她,每年的提案都和尘肺病有关,这一坚持就是 8 年。她还拉上自己的女儿做志愿者,看望尘肺病人,尽力帮助解决尘肺病患者的困扰,还资助了不少尘肺病家庭的孩子……"我觉得是在学习爷爷的精神。认认真真做事,老老实实做人就是我们家的家风。我做的事情越多,越能感受到来自前辈的那股精神力量,这是伟大的财富,我们有责任把它发扬光大。"严慧英说。

第三章

童第周 ▶ 中国人不比外国人笨

中国实验胚胎学的奠基者

童第周(1902—1979),实验胚胎学家,中国科学院学部委员(院士),在鱼类异种间克隆技术上取得了杰出科学成就,中国实验胚胎学的开创者之一。中华人民共和国成立后,童第周成为中国生命科学的带头人,先后担任山东大学动物系主任和副校长、中国科学院生物学部主任,主持了中国科学院实验生物研究所、动物研究所的工作。他还创办了中国科学院海洋研究所,并担任了 28 年的所长,开创了中国海洋研究事业。

1930 年,比利时的比京大学(今布鲁塞尔自由大学)著名生物学家布拉舍和达克的实验室来了一个 30 岁上下的中国留学生,他总是一个人在角落里,专心致志于每项细碎的工作。当时有一个青蛙卵的卵膜剥除手术,多年来没人能完成。蛙卵又滑又圆,捉都捉不住,一用力又破了。童第周的导师达克也没有做成功,很多研究工作因此无法展开,导师想到了平时一言不发的童第周,请他来试一试,没想到童第周一下子就剥掉了青蛙卵的卵膜,方法巧妙,动作精确,这一举动轰动了欧洲生物学界。1931年夏天,教授带着这位心爱的学生来到著名的科研中心法国海滨实验室,这次,要为直径不到十分之一毫米的海鞘卵子做外膜剥离,童第周再次顺利完成,童第周精湛的实验技术让云集此地的国际同行十分钦佩,也给当时在国际生物学界声誉极高的英国皇家学会会员李约瑟教授留下了深刻的印象。

童第周不仅用这双手做了很多高难度的实验,也写出了很多漂亮的论文,在他取得博士学位的时候,已经是一个非常有名的实验胚胎学家了。童第周的老师达克教授曾劝说他留下:"你的国家这么困难,在这里我可以给你申请特别博士。"童第周却说:"不,我要回去,我是中国人!"在童第周看来,"要搞工作,应该回祖国去搞,有成绩为什么要给别的国家?"就这样,童第周放弃了布鲁塞尔优越的生活和科研条件,毅然回到了祖国。当时中国的知识分子就是这样,即便祖国烽火连天,即便生存条件再艰难,他们也要和自己的国家在一起。更重要的是中国科学家的研究并没有因为战争而停顿。童第周就在是这样艰苦的环境里,把世界胚胎学的研究向前推进了一步。

　　童第周长期研究两栖类胚胎发育的极性或轴性,以纤毛的运动作为实验对象和极性指标,探讨胚胎极性等重大问题。在文昌鱼发育方面,他研究分裂球之间的相互关系、胚层之间的相互关系及诱导作用等,使胚胎学界对文昌鱼个体发育有了全新的认识,对于理解系统发育起到了启迪作用。在 20 世纪三四十年代,童第周与夫人叶毓芬——这对中国的"居里夫妇"——证明了文昌鱼卵子分裂球具有一定的调整能力,在国内外学术界产生了深远影响。五六十年代,童第周开展了细胞核和细胞质在发育中关系的研究,在用细胞核移植的方法培育鱼类新品种方面取得重大突破,研究成果达到国际领先水平。70 年代,童第周进行了关于核酸对鱼类发育和性状影响的研究,利用鲫鱼的遗传基因,成功克隆出单尾金鱼,被科学界称之为"童鱼"。

　　童第周在简陋的条件下以一己之力,穷毕生心血,创立了中国的克隆事业,在生物学和遗传学的研究方面做出了重要贡献。在 20 世纪 60 年代,童第周带领科研人员进行胚胎发育前瞻性的研究工作,为后来生物技术的相关工作建立了理论和技术基础。在 20 世纪 90 年代,童第周被列为世界一百位最优秀科学家之一。1956 年,童第周等老一辈海洋科学家参与制定的《中国海洋综合调查及开发方案》作为国家重点科学技术任务之一,被列入《1956—1967 年国家科学技术发展远景规划》和《1963—1972 年科学技术发展规划》,为中国海洋科学研究和海洋事业的发展制定了宏伟规划。

耕读之家与长年苦学：滴水穿石的家训至宝

1902年5月28日,童第周出生于浙江省鄞县东乡童家岙(今宁波市鄞州区塘溪镇童村)一个贫农家庭。童家曾祖父辈和祖父辈都是乡下农民,靠种地和养猪为生,家人勤劳俭朴,却十分重视教育。童第周的祖父童书礼曾变卖土地,送儿子童兆甲去县城求学。童第周的父亲童兆甲体弱多病,作为家中独子要赡养父母,不能在考功名的路上继续前进,便在家乡办私塾,传道授业,立志教化乡邻,造福后代。童兆甲育有五男三女,家庭开销很大,加上他心思善良,经常减免贫困学生学费,微薄的收入仅能勉强维持生活。为了供孩子读书,他也像自己的父亲当年那样,变卖稻田支持孩子报考大学。童兆甲的温良纯善和重视教育给童第周留下了深刻的印象。

小时候,童第周的好奇心特别强,他常常想:鱼是怎么生出来的?父亲童兆甲鼓励他自己去寻找答案。带着疑问,他动手用竹片剖开鱼肚,发现里面有个白色气囊。此后,一有空闲,他就和小伙伴们一起,把花石斑、河鲫鱼等用竹片剖开来,做取出鱼腹中的气囊"手术"。在鱼腹中取气囊要特别细心,因为它表皮极薄,并和肝、肠、胆连在一起,一不留神就会戳破。当时童第周最拿手的就是给鱼做这个"手术",现在看来,是对生命奥秘的好奇心引领童第周走向了自己的事业,而儿时的尝试练就了他一双灵巧的手。

　　一天,幼小的童第周在屋檐下的阶沿上玩游戏,突然发现石板上整整齐齐地排列着一行手指头大的小坑,他去问父亲这是怎么回事,父亲亲手写给他"滴水穿石"这四个大字,耐心地向他解释道:"长年累月,滴水穿石!"父亲告诉童第周,凡事持之以恒,最终一定会有所收获。靠着这份家训,童第周 17 岁考取宁波效实中学,每天早起晚睡,常在路灯下苦读,几年如一日。毕业时,他由全班倒数第一跃升为正数第一。童第周晚年的时候,有人曾问他,在中华人民共和国成立前印象最深刻的事情是什么,他回答道:"一件是我在上中学时第一次得到 100 分。那件事使人知道,我并不比别人笨。别人能办到的事,我经过努力也能办到。另一件事,就是我在比利时第一次单独完成青蛙卵膜剥除术。那件事使我相信,中国人不比外国人笨。外国人认为很难办到的事我们照样能办到。"

　　到童第周这一辈,父亲过世后,大哥童第锦继承家业,接手父亲的私塾,边干农活边教书。童第周的二哥童第德从小爱学习,身体羸弱无法务农,大哥坚持供弟弟们求学,独自扛起家庭的重担。后来,童第德考上北京大学,成为古典文学研究专家,曾任中华书局编审;老三童弟谷,毕业于复旦大学政法系,曾任国民政府农民银行办公室主任;老四便是闻名中外的生物学家、中国克隆之父——童第周;老五童第肃,毕业于浙江大学土木工程系,是水利工程专家,曾任中国治理淮河的总工程师。"知识改变命运"在童家的第四代得到印证,立志从教的童兆甲，他的五个儿子，个个成才。

凭借着"滴水穿石"的精神，童第周考入复旦大学，并于1930年赴比利时留学，四年后获得博士学位的他把在国外学成的一切带回祖国。抗日战争全面爆发后，童第周和妻子叶毓芬西迁到四川宜宾的李庄镇，后成为同济大学生物系教授。在这个毫无科研基础的小镇上，夫妻俩连个像样的双筒显微镜都没有，可他们仍旧互相扶持，坚持着科学报国的人生志愿。为了更好地完成学校的科研工作，夫妻俩曾举债买了一台"巨额"的德国蔡司显微镜。此外，他们简陋的实验设备，还令前来拜访的英国著名学者李约瑟感到诧异。李约瑟问童第周，为什么要留在这个荒原上做研究？童第周说："要为中国人争气。"

滴水穿石的家训贯穿了童第周的一生。据跟随童第周学习的学生回忆，当夜幕降临，久坐几个小时的他们感到疲倦劳累时，抬头依然可见童第周端正瘦小的身影，只见他的双手在显微镜下忙碌穿梭，用一根比头发丝还细的玻璃丝，在一个比小米还要小的鱼卵上，准确、敏捷并且娴熟地操作着，这就是童第周每天日常的工作。童第周那专注的身影深深地定格在学生们的脑海中，在他们心里留下了不可磨灭的印记。童第周通过潜心研究，对国际上已基本达成共识的文昌鱼发育能力提出了很重要的修正意见，他所证明的文昌鱼卵早期发育特点进一步证明了文昌鱼进化上的地位是介乎无脊椎动物和脊椎动物之间的过渡类型。在1956年的全国遗传学会议上，童第周在肯定摩根遗传学说的同时,认为摩根学派太强调细胞核的作用,忽视了细胞质,成为世界上首个敢于对摩根学说提出疑问的科学家。他也因此陷入了学术争议的漩涡之中,但他并不在意外界的评价,继续以滴水穿石的精神孜孜不倦地深耕,在大量实验中采用细胞核移植、细胞融合、分子生物学的核酸注射技术等,培育出了世界上第一条"核质杂种鱼",证实了细胞质对遗传的作用,从而成为表现遗传学的先驱。从此,他的研究为渔、牧业开辟了一条高效、快捷的育种新途径。

夫妻同心,其利断金:治学之道与家族传承

时间流转,童第周及其夫人叶毓芬的治学之道、报国之情,相濡以沫的夫妻之情也早已成为童家的家风,潜移默化地影响着家里的每一个人。"父亲的治学为人之道是传家宝,特别是'滴水穿石'的家训更是成为对我们的一种莫大鞭策。"童第周的儿子童时中说。他已经成为一名光荣的共产党员,在国网电力科学研究院工作,在模块化与标准化、机械结构与造型等领域取得了不少成果,成为教授级高级工程师、知名模块化专家。

童第周对子女从不搞特殊,儿女们从上学到工作,一直以来都是服从安排,"文革"期间,孩子们也跟着他经受磨炼。但

是知书达礼的家风和父母的言传身教给童第周的孩子们留下了宝贵的精神财富,他的儿女们如今在各自的岗位上兢兢业业,在不同领域取得了瞩目的成就。童第周的子女大学毕业后服从国家分配,他晚年只同意一个儿子进京照顾他生活。国家给他配备了小轿车,但他从不让家人借用。有一次儿子上班顺路,他也不让搭乘,说这是工作用车。但他对家乡一往情深,把收藏的古董字画无偿捐赠给浙江博物馆,还给家乡送来了树苗和农作物种子。受滴水穿石的家训熏陶,童家后人不断出彩,童时中就连退休后也被华为公司整机工程部聘为标准化、模块化顾问,还主编了四本书,参编了两本专著,工作到生命的最后一刻,践行了童第周传下的治学之道、报国之情。

童时中的儿子童和钦也是一位科研工作者,从事通信网络开发工作。在研发电网和通信网半实物联合仿真平台时,由于没有可供参考的案例,工作一度遇到不少障碍。童和钦正是凭着滴水穿石的韧性,最终攻克了技术难题,取得了多项发明专利,在核心期刊上发表了多篇论文。现在,这项技术正在向更广阔的应用空间推进。滴水穿石这一家训,成了童家后人心中铭记的一份传家宝。

毫无疑问,童家三代人的经历,就是童第周先生家"滴水穿石"之家训所产生的教育效应的集中体现。我们相信,这一效应还将在童家继续演绎并呈现下去。直到今天,那篇讲述童第周刻苦钻研的小学课文《一定要争气》,依然激励着青少年们不畏困苦、勤奋学习，正如 1974 年他刊登在《诗刊》上的一首小诗所云："周兮周兮，年逾古稀。残躯幸存，脑力尚济；能作科研，能挥文笔。虽少佳品，偶有奇意；虽非上驷，堪充下骥。愿效老牛，为国捐躯！"

第四章

萨本栋 ▶ 途遥路远研物理，厦府倾心苦坚持

先生之风，山高水长

　　萨本栋(1902—1949)，字亚栋，号仁杰，著名物理学家、电机工程学家，1902 年 7 月 24 日出生于福建省闽侯县朱紫坊。1913 年，11 岁的萨本栋考入清华学校，北上进京接受了 8 年中学教育，这为他日后学习自然科学并成为著名科学家打下了坚实基础。1921 年毕业，1922 年前往斯坦福大学深造，毕业后进入伍斯特理工学院，在留学期间获工学士学位、理学博士学位。

　　1928 年，清华大学物理系创建人叶企孙邀请萨本栋回校任教，当时美国西屋电机制造公司开出高薪希望续聘萨本栋，但他毫不犹豫地离开美国，回到中国，担任清华大学物理系教授，讲授普通物理学、电磁学、无线电物理学，同时从事科研工作。他认真教学，自编教材，编写了《普通物理学》《普通物理学实验》，先后于 1933 年和 1936 年出版。这两本书是首次用中文正式出版的大学物理教材，一问世便被各大学选用，获得中国高等教育界的普遍赞赏，1940 年被教育部正式颁定为大学教材，在国内高校使用 10 多年。

萨本栋在清华大学任教的 9 年中，在研究电路、电机工程以及真空管性能方面，也取得了丰硕成果。他创造性地将并矢方法和数学中的复矢量应用于解决三相电路问题，先后撰写了 10 多篇论文，深得物理学界前辈的推崇，并由此被清华大学教授会推选为评议员。1936 年，他将讲授的应用并矢方法解决电路的计算和分析加以总结，在美国电气工程师学会学报上发表了论文《应用于三相电路的并矢代数》，引起国际电工理论界的强烈反响，被认为是开拓了电机工程的一个新研究领域。美国电气工程师学会（AIEE）给予了这篇论文极高的评价。随后他继续研究，并加以系统整理，用英文写成一本专著《并矢电路分析》。这本书一经问世就享誉全球，他也被美国电气工程师学会接纳为外籍会员。

1937 年，抗战全面爆发，萨本栋临危受命，辞去清华大学教授职务，成为国立厦门大学第一任校长，为建设厦门大学做出了重要贡献。在抗战期间，他带领学校师生内迁长汀。在极其艰苦的条件下，全校师生自强不息、砥砺前行，使烽火岁月中的厦门大学弦歌不辍，培养出一批批栋梁人才，厦门大学也因此赢得了"南方之强"的美誉。1945 至 1948 年萨本栋任中央研究院总干事,兼任物理研究所代所长,1948 年当选为中央研究院院士。1949 年 1 月 31 日,萨本栋逝世于美国加州医院。人们把萨本栋的骨灰葬于他曾经为之辛勤操劳过的厦门大学校园内,让他留在他用尽心力的地方。

在抗战中转航:从伏案力学到科教兴国

20 世纪 30 年代是萨本栋从事科研的黄金时代。萨本栋伏案力学、磨砥刻厉,靠一己之力将中国的电机工程研究水平推向世界前沿。这一时期萨本栋发表了许多学术论文,受到国际物理学界和电工理论界的推崇。1935 年,萨本栋应邀前往美国斯坦福大学、俄亥俄大学、麻省理工学院做讲座,并被俄亥俄大学聘任为客座教授,在电机工程学系开设并矢电路分析讲座。他首先提出了用标么值系统来分析交流电机,引起工程学界的强烈反响,然后根据在厦门大学讲授电机学所积累的资料,再加上在斯坦福大学授课的新材料,他用英文撰写成专著《交流电机基础》,提出了许多新的论点和论据,"言前人之所未言"。该书于 1946 年在美国出版,得到英、美两国科学界的极高评价,被誉为物理学、电机学巨著。之后他又用英文写成专著《并矢电路分析》,并于 1939 年在美国出版。这本书是数学、物理、电机三角地带的新著,一经出版,立即被选入国际电工丛书,萨本栋也获中国电机工程师学会第一次荣誉奖章。

1937 年，全面抗战爆发。彼时，萨本栋正处于科学研究的高峰期，在清华园的工作、生活条件都相当优越，但一听说厦门大学正处于风雨飘摇之中，困难重重，他马上放下手头的工作，放弃优渥的生活前往福建，开始了躬自擘画、桃李成蹊的教育之路。萨本栋深受陈嘉庚爱国精神和教育思想的感染，他说"务求无负陈嘉庚先生毁家兴学，及政府将厦大收归国立之至意"，毅然接下了建设厦门大学这个异常艰难的使命。

很快，日寇的炮弹就落到了厦门。当时许多著名高校均迁往西部或西南大后方地区，萨本栋校长认为"东南半壁的高等教育，还需要维持"，坚持要求"要留在东南最偏远的福建省内"。经仔细考虑，他决定将厦门大学内迁到闽浙赣交界的山城长汀。当时，福建交通极为不便，山路崎岖、困难重重，而且学校整体的搬迁需要细致的规划和大量人力物力的统筹，萨本栋周密筹划、妥善安排、身先士卒、亲临指挥，带着师生民众扛着教学科研设备、图书资料，翻越崇山峻岭，渡过鹭海、九龙江和十几条溪流，长途跋涉 800 里，仅仅花了不到一个月时间，就带领了 239 名学生、83 名教职员工安全抵达目的地。

1938 年 1 月 17 日，厦门大学在长汀复课。抗战期间，物资匮乏，物价上涨，从海边厦门迁到贫困的山区长汀，生存和温饱都成了最迫切的问题。萨本栋千方百计克服困难，努力保障师生员工的生活条件和身体健康。此外，萨本栋还极为重视教学，他为厦门大学聘请了一大批国内外的顶尖学者和教师,对学生悉心培养,自己也一丝不苟地对待课业,奋斗在教学的第一线。自1937至1944年,在他求贤若渴的邀约下,厦门大学新聘教师158人,其中有大批曾留学欧美、受到中外文化熏陶、精通外语、学有所长的知名教授学者。萨本栋聘请大批名师,显著提高了学校课程的讲授质量,为祖国培养了一大批未来的顶梁柱。

怀着抗战必胜的信念,萨本栋给厦门大学设定了为战后建国储备人才的目标,把教育的眼光放在未来。他意识到抗战结束以后,国家的建设一定需要工科,因此他非常重视工科人才的培养,掌校不到三年,厦门大学就先后增设土木系、机电系和航空系,理学院扩充为理工学院,下设数理、化学、生物、土木工程、机电工程五学系。1944年,年仅42岁的萨本栋就因操劳过度,胃病、风湿病缠身,疼痛难忍,导致弯腰驼背,显得异常衰老,必须拄着拐杖才能行走,有时实在无法到教室,就在卧室床边挂上一块黑板,周围排上凳子,他半坐半卧,咬紧牙关讲起课,拿起粉笔歪歪斜斜地写下定律和公式,放下粉笔时已是疲惫不堪。目睹此情此景,学生无不动容落泪。

在其以身作则的师风感召下,学校的教师对教学科研工作都非常认真负责,在简陋困难、炮火轰鸣的战时环境中,整个厦门大学如同一个紧密团结的大家庭,在贫瘠的土地上开出了一朵美好而充满希望的花。厦门大学在长汀办学8年间,学生人数增加数倍,教学质量得到明显提高,声誉日渐上升。萨本栋治下的厦门大学是屹立在粤汉线以东、浙赣线以南唯一一所最高学府，有"南方之强"的美誉。美国地理学家葛德石 1944 年访问长汀的厦门大学后，对厦门大学的办学质量极为赞扬，认为"厦门大学为加尔各答以东第一大学"。

以国为家，鞠躬尽瘁：名门望族的家风传承

雁门萨氏是名门望族。萨氏先祖萨拉布哈曾协助元世祖忽必烈征战开国。萨拉布哈的长孙萨都剌出生于山西雁门，是元代著名诗人，因博学能文、为官清廉，被赐"萨"姓。萨氏在福建开枝散叶将近 800 年，人才辈出，在中国近代先后诞生了萨镇冰、萨福均、萨本栋等一批仁人志士。萨氏家族中一共走出了 6 位将军，护国佑民、浩气长存。萨本栋的祖父萨多荣是一位乐善好施的盐商，一生扶贫济困，广造福祉。叔祖父萨镇冰是中国近代著名的海军将领，曾代理过北洋政府国务总理，为抵御外辱做出了贡献。作为洋务运动中第一代"开眼看世界"的国人，他一路见证了北洋舰队从壮大到覆灭、清朝灭亡、民国成立、抗战胜利、中华人民共和国建立，他深深认识到，弱国无外交，没有强大的国力，没有强大的工业实力、军事实力，国家只会不断被外族欺负，国民只会变成别人的奴隶，所以他要求萨氏的子弟必须要积极投身于强国兴邦的事业中。每一代萨家人都有强烈的家国情怀，他们在各自擅长的领域奋斗打拼，为国家建设添砖加瓦。

想要振兴家族、振兴国家,唯有通过学习。雁门萨氏向来注重文化教育,据统计,家族中一共走出了9位进士、40多位举人、10位诗人以及近现代的12位博士、数十位学者、1位中央研究院院士和1位中国科学院外籍院士。家族在近代以前鼓励子弟参加科举,"为往圣继绝学,为万世开太平",近代以后率先"开眼看世界",要求子弟广泛自由地选择感兴趣的专科进行学习。文化教育润物细无声,培养了萨氏族人高尚的情怀和高远的志向,深刻地影响了萨本栋一脉。

萨本栋的父亲萨君陆是秀才,曾在日本留学,回国后在福建省提学使衙门任职,为福建省兴办新式学校,热心教育事业,为开发民智终日操劳。1918年他创立旅京华侨学会,协助华侨子女回国就学、维护回国侨商权益。萨本铁是萨本栋胞弟,考入清华学校,毕业以后被选送往美国留学,先后就读于斯坦福大学、伍斯特理工学院,获得化学博士学位。1928年,萨本铁同样毅然回国,先后任教于北平协和医学院、清华大学化学系,在生化医疗领域发光发热。

出生于世代书香的家庭,有着为国家鞠躬尽瘁的叔祖父,热心于教育事业的父亲,能诗善文、恬静端庄的母亲,学成坚定回国的胞弟,萨本栋也刻苦钻研学问,"板凳十年冷",搭建我国的物理学大厦,以饱满的姿态对待教学,为国家培养出一大批基础知识扎实、实践能力过硬的毕业生。几百年来萨氏的家风告诉他:艰危的时局、简陋的条件、匮乏的物质永远不可能打倒一个斗士。萨本栋"鞠躬尽瘁,死而后已"的精神深深感染了他的儿子，他的大儿子萨支唐院士是半导体器件和微电子学的学术泰斗，他在 MOS 半导体器件领域提出的"萨支唐方程"，为集成电路的发展做出了里程碑式的贡献；次子萨支汉攻取数学博士学位，研究领域包括经典数论、代数几何学、群论、偏微分方程以及数学物理的交互，专著《抽象代数学》享誉国外。他们继承了萨氏"以国为家"的优良家风，化作满天星斗，照耀大地。

第五章

杨振宁 ▶ 横跨中西，今古传承

与国家一起向未来的物理学家

杨振宁（1922—　　），物理学家，安徽合肥人，1957 年诺贝尔物理学奖获得者。清华大学高等研究院名誉院长，获得中国科学院、美国国家科学院、英国皇家学会等至少九个院士荣衔。1997 年，他的名字被国际小行星中心用来给编号 3421 号的小行星命名，从此宇宙中亮起一颗"杨振宁星"。2021 年，他获选感动中国年度人物，颁奖词这样评价他："站在科学和传统的交叉点上，惊才绝艳。你贡献给世界的，如此深奥，懂的人不多。你奉献给祖国的，如此纯真，我们都明白。曾经，你站在世界的前排，现在，你与国家一起向未来。"

杨振宁的父亲杨武之是我国著名数学家，长期在清华大学和西南联合大学数学系任系主任或代主任。杨振宁自小进入清华教员子弟学校学习，在良好的教育熏陶下，以高二学历考入国立西南联合大学，又在该校研究院理科研究所物理学部（现清华大学物理研究所）攻读研究生，1945 年得到庚子赔款奖学金赴美留学，获得博士学位，在普林斯顿高等研究院进行博士后研究，开始同李政道合作。当时的院长罗伯特·奥本海默说，他最喜欢看到的景象，就是杨、李走在普林斯顿的草地上。7 年后，他们的合作成果获得了举世瞩目的成绩。1965 年杨振宁当选美国国家科学院院士。此后 15 年他大力推动中美关系正常化，1979 年初邓小平与美国总统卡特签约建交时，就是由杨振宁代表全美华人协会和全美各界华人，在欢迎邓小平夫妇访美的宴会上致辞，这份欢迎词的标题，杨振宁拟为"建造友谊桥梁的责任"。此外，他还多次发声维护中国领土完整，建议并推动中美学术研究合作发展。2003 年，他公开宣布此后的学术研究活动将以国内为主，并在年底回到国内定居。2015 年，他放弃了美国国籍，成为中国公民。至今他已逾百岁，仍活跃在中国高校的学术发展历程中。

杨振宁一生在粒子物理学、统计力学和凝聚态物理等领域做出了里程碑式的贡献。1954 年，他和 R. L. 米尔斯合作提出非阿贝尔规范场理论。1956 年，他和李政道合作提出弱相互作用中宇称不守恒定律，次年凭借这项研究斩获诺贝尔物理学奖。此外，在粒子物理和统计物理方面，他同样做出了大量开拓性工作，包括提出杨-巴克斯特方程，开辟量子可积系统和多体问题研究的新方向等。他还推动了香港中文大学数学科学研究所、清华大学高等研究中心、南开大学理论物理研究室和中山大学高等学术研究中心的成立，捐赠形成香港中文大学杨振宁学术资料馆、南京大学杨振宁奖学金、海南大学杨振宁特困优秀生奖学金、清华大学杨振宁资料室等。

父爱的草原母爱的河：慢慢来，不要着急

杨振宁的教育轨迹可以说和他父亲极为相似。杨振宁的父亲杨武之在他出生一年后便留学美国，在芝加哥大学攻读数学博士学位，1928 年学成回国，被厦门大学聘为教授。后来杨振宁 1945 年赴美留学时，也正是就读于芝加哥大学。

六岁以前，杨振宁跟着母亲识字，也曾上过私塾。自四岁开始习字起，一年多的时间内，杨振宁硬是学了三千多个字。父亲杨武之归国，见到五年未见的儿子，发现他如此聪明懂事，非常高兴。父亲教给他西方的知识，比如用大球、小球来模拟太阳、地球、月亮的运动，英文字母"abcde"，还有一些我国古代算术问题，比如"鸡兔同笼"和"韩信点兵"。杨振宁学得很快。可以说，比同龄人更早接触到的新式教育为他的学业奠定了不一般的基础。

杨振宁很早就在学习上，尤其是数学上，表现出异常优异的禀赋。对于儿子的这份天资，杨武之早有察觉，但并没有拔苗助长。杨振宁对此曾深有感触地说："父亲书架上有许多英

文和德文的数学书籍，我常常翻看。印象最深的是 G. H. Hardy 和 E. M. Wright 的《数论》中的一些定理，还有 A. Speiser 的《有限群论》中的许多 space groups 的图。因为当时我的外文基础不够，所以不能看懂细节。我曾多次去问父亲，他总是说'慢慢来，不要着急'，只偶然给我解释一两个基本概念。"

杨武之这种"慢慢来，不要着急"的教育思想，正是杨振宁身心得到全面健康发展的基石。在这一基础上，杨武之还把目光投向了人文领域的教育，非常重视对杨振宁全面的素质培养。可以说，杨振宁日后辉煌的科学成就和高尚的人格，与父亲的正确教育有着密不可分的关系。

"我九、十岁的时候，父亲已经知道我学数学的能力很强。到了十一岁入初中的时候，我在这方面的能力更充分显示出来。回想起来，他当时如果教我解析几何和微积分，我一定学得很快，会使他十分高兴。可是他没有这样做。我初中一年级与二年级之间的暑假，父亲请雷海宗教授介绍一位历史系的学生教我《孟子》。雷先生介绍他的得意学生丁则良来。丁先生学识丰富，不只教我《孟子》，还给我讲了许多上古历史知识，是我在教科书上从来没有学到的。下一年暑假，他又教我另一半《孟子》，所以在中学的年代我可以背诵《孟子》全文。"

这可能就是杨振宁父子两代出国求学、天涯归舟的文化根源。其实，早在 1922 年杨振宁在安徽合肥出生时，"根"的心理就已经显露头角。杨武之当时是安庆一所中学的数学老师,正是因为安庆又叫怀宁,所以他给儿子取名"振宁"。在 1957 年,杨振宁与李政道因共同获得诺贝尔物理学奖时,他就以接受中国文化的熏陶而自豪,在典礼上代表致辞说:"我深深察觉到一桩事实:在广义上说,我是中华文化和西方文化的产物,既是双方和谐的产物,又是双方冲突的产物,我愿意说我既以我的中国传统为骄傲,同样的,我又专心致志于现代科学。"

中西结合的优势固然在学术上为他助益颇多,但也给他留下了一些家庭的遗憾。杨振宁曾坦言:"我放弃中国国籍后,父亲到临走前都没有原谅我。"可实际上,即便是没有将国籍转回中国的时期,杨振宁也一直继承着父亲的人文观念,为国家四处奔走。1971 年夏,杨振宁回中国访问,成为美籍知名学者访问新中国的第一人。同年参加保钓运动,他在"归还冲绳协定"听证会上作证,从历史、地理和现实的角度全面讲述了钓鱼岛是中国领土的事实。此后他更是大力推动中美关系恢复,在其后各地的演讲、讲学、访问活动中,坚持以正面报道中国在各方面的发展为己任,影响了大量外国人尤其是外国科学家对中国的态度,让他们愿意同中国亲近。在当时中美关系还没有解冻的情况下,杨振宁这样做,其实承担了相当大的风险。2008 年,他当选了"改革开放三十年中国最有影响的海外专家",当选理由正是:在中美关系尚未解冻时期,带动一大批华人学者回国为祖国现代化建设献计献策,在促进中美两国建交、中美人才交流和科技合作等方面做出了特殊贡献；先后在香港和美国发起成立三个基金会，成功地为中山大学、清华大学在海外募集数亿元资金；推动成立清华大学高等研究中心，为清华引进"计算机诺贝尔奖"图灵奖获得者姚期智等顶尖学者做出了积极的贡献。

2011 年 4 月 20 日，胡锦涛在清华大学会见杨振宁，得知他年近九旬还在带研究生并给本科生讲课，连声称道，并请他注意保重身体。可以说，杨振宁也和他父亲一样，一生都为祖国培养人才做出了不可磨灭的贡献。

父母之爱儿女：尊重每个人的选择

杨振宁一共有三个弟弟、一个妹妹。作为家里的长子，而且和弟弟妹妹们的年纪差得比较大，他有时也自觉承担起对弟弟妹妹的管教之责。他为鼓励弟妹多念书，制定了一些颇为吸引人的规则：一天之中，谁念书好、听母亲的话、帮助做家务、不打架、不捣乱就给谁记上一个红点，反之就要记黑点。一周下来，谁有三个红点，谁就可以得到奖励——由他骑自行车带去昆明城里看一次电影。从他制定的规则中也可以看出，杨振宁自己也是极为注重念书、孝顺父母、懂事听话的孩子。等到他在西南联大就读物理学系时，授课老师中有许多都是相关领域的著名学者，也是清华大学的教授。但对杨振宁来说，父亲杨武之依然发挥着不可替代的影响力。杨振宁在学校里遇到有不懂的问题、碰上难以处理的事,还是经常跨专业跑到数学系的办公室向父亲请教。和谐的家庭教育氛围就这样贯穿了好几代人的家庭生活。

1950 年,杨振宁在美国留学期间与杜致礼结婚,他们共同养育了三个子女。长子杨光诺成为一名计算机专家,次子杨光宇成为化学研究者,最小的女儿杨又礼成为一名医生。

长子杨光诺从小就喜欢看书,喜欢新奇的事物。杨振宁虽然工作繁忙,但总会抽出一些时间,在工作之余陪长子去书店。杨光诺很喜欢和父亲一起读书,经常与父亲在书店待上整整一天。他的童年正好是杨振宁刚刚获得诺贝尔奖、最为意气风发之时,看到活跃在荧屏上的父亲,杨光诺也暗自下定决心要好好学习,希望未来自己能和父亲一样,专攻一个领域,成为受人敬重的大家。

小女儿杨又礼在夫妻二人的期盼中降生,疼爱宠溺与严格教导并存。母亲杜致礼作为名将杜聿明的千金,气质清绝、温和善良、谦逊有礼,一家人都希望小女儿的性格像母亲更多一些。杨又礼从小就与杜致礼亲近,也确实传承了母亲的优雅与聪慧,很小的时候就学会了多国语言。杜致礼喜欢文学和音乐,经常参加一些艺术活动,杨又礼受到熏陶,久而久之,也对艺术非常感兴趣。虽然最后小女儿的兴趣发生了转变,但这样的文化素养与独特气质,依然作为母亲带来的财富伴随她一生。

杨振宁和妻子一致认为,兴趣才是最好的老师,引导孩子在自己擅长、感兴趣的方面努力耕耘，是非常重要的。

杨光诺从小出生在美国，受西式文化氛围的影响，不怕困难和失败，非常喜欢挑战复杂的问题，并且在父亲的诺奖光环下非常自信。作为家中长子，气质又与父亲接近，全家人都以为，杨光诺日后会子承父业，走上物理研究的道路。不过，杨光诺对枯燥的学术研究并不感兴趣，他更喜欢新潮时髦的事物，比如计算机技术。高中毕业后，他凭借自己的努力考上了美国密歇根大学，自己做主选择攻读计算机专业。尽管意外，但一家人仍然非常支持他的选择，并鼓励他要在计算机领域做出一番成就。

进入大学后，杨光诺更加自由了，有大把的时间来学习自己感兴趣的计算机课程，还经常参加各种计算机竞赛，获得了不错的成绩，受到了导师和同学们的认可。之后他继续攻读计算机网络编程博士学位，博士毕业后才开始进入计算机行业工作。在这个飞速发展的行业中，杨光诺几乎用了半辈子的时间来学习准备，在这个领域深耕细作，最终成为一名计算机工程师。

次子杨光宇却是在同龄小孩儿还在看漫画的时候，就已经对枯燥的化学产生了浓厚的兴趣。父亲杨振宁和母亲杜致礼对此非常支持，时常给他买一些相关书籍，鼓励他多多研读。杨振宁认为，每个孩子的天分不同，偏好不同，能让孩子们发现自己的偏好，将来能有针对性地发展，是非常重要的。

上大学后，杨光宇果然选择了自己感兴趣的化学专业。

受到父亲和哥哥的熏陶，他学习也非常刻苦，毕业后同样选择继续深造，攻读了化学专业博士，并在化学领域取得了不俗的成就。

小女儿杨又礼原本在母亲的熏陶下喜欢艺术，杨振宁夫妇本以为女儿长大后会就此从事音乐或者文学方面的工作，但长大后的杨又礼却又把心思放在了医学上。她毕业后成了美国蒙大拿州一名救死扶伤的医生。后来，为了帮助更多人，杨又礼凭借自己的语言功底，毅然离开了自己熟悉的医院，前往艰苦贫瘠的地界从事医学工作，成为一名无国界医生，救助了更多生命。杨振宁夫妇很欣慰女儿在优渥的家庭和工作环境里，仍能保有一颗善良的初心，但也常常担心她的安全。如今就连这位多年前被捧在手心的女孩儿也已经步入花甲之年，虽然已经退休，她还是会时常给公益医学组织提供一些力所能及的帮助，继续发挥着自己的余热。

在人生轨迹的问题上，杨振宁夫妻都支持了三个子女自己的选择，最后，三个孩子也交出了各自不俗的答卷。

第六章

李政道 ▶ 细推物理须行乐，何用浮名绊此身

热心教育的物理学家

李政道（1926— ），美籍华裔物理学家，中国科学院外籍院士，哥伦比亚大学全校级教授，诺贝尔物理学奖获得者。他的研究主要集中在量子场论、基本粒子理论、核物理、统计力学、流体力学、天体物理等领域，并开辟了弱作用中的对称破缺、高能中微子物理以及相对论性重离子对撞物理等科学研究领域。

有谁能想到，这样一位物理学大师，少年时期竟是小学和中学都没有毕业。

李政道 1926 年出生于上海，祖籍江苏苏州，幼时在上海读小学和中学，都因日军侵华而被迫辍学。16 岁时，他未初中毕业就赴贵州参加高考，顺利考入当时西迁的浙江大学电机

系,后又转到物理系,师从束星北和王淦昌,从此与物理学结下不解之缘。

1946 年,经吴大猷教授推荐,李政道赴美进入芝加哥大学研究生院。四年后,他获得了博士学位,之后担任芝加哥大学天文系助理研究员,从事流体力学的湍流、统计物理的相变以及凝聚态物理的极化子的研究。

此后,他又前往美国多所高校、研究院担任研究员和讲师,并在 1957 年与杨振宁共同获得诺贝尔物理学奖,是当时第二年轻的获奖者。其后,他先后当选美国艺术和科学院院士、美国国家科学院院士。

1972 年 9 月,中美关系破冰,一直心系中国物理学发展的李政道携夫人秦惠君返回中国,欲投身中国的物理教学事业。他在走访中国各地的多所高校后发现,国内对科学人才的培养方式有着很大的不足,基础科学研究被严重忽视。因为青年时代受过教育资源短缺的苦,李政道对此非常焦急,他想要改变现状,改变中国当时落后的教育环境,希望祖国能有更多与世界接轨的人才。

1979 年,李政道排除万难,促成了"中美联合招考研究生"计划,旨在将中国研究生中的优秀人才送入美国最高水平的数十所大学深造,这些学生的学费和食宿费由相关校方提供或由李政道筹措解决。他希望能借此项目让更多的优秀年轻人享受优质的教育资源,未来弥补中国学术界的断层。

此外,在李政道的建议下,国内大学创立了"少年班"形式，力求从具有才华的少年人中培养一支"少而精的基础科学工作队伍"；还创设了博士后制度，以此吸引更多的留学博士回国效力，壮大能够投入重大科研项目的研究人才队伍。后来，他还资助建立了浙江近代物理研究中心和北京大学现代物理研究中心，用自己的力量努力提升国内的科研环境。

在完善中国物理教育体系，培养物理科研人才的同时，李政道没有懈怠学术研究。根据 2007 年 12 月诺贝尔奖官网显示，李政道先后发表了 300 多篇论文和多本著作，对学界产生了很大的影响。

李政道对于中国物理学界的贡献，并不仅在于他是获得诺贝尔物理学奖的华人，而在于他对中国高等教育和物理教学事业的建议和帮助，大大加快了中国科学发展的进程。

天赋异禀与科艺兼修：从故乡到异国

据李政道的儿子李中清回忆，他的父亲从事物理学其实是很偶然的。那个时候正值抗日战争，还在读小学的李政道被迫辍学，某天遇到敌机轰炸，他跟着大家躲在防空洞里，有人遗留下一本物理教材，年幼的李政道正巧看到，随手翻看，便激发了他对物理学的兴趣。

虽然小学和中学都因战乱未能读完，李政道却是个不折不扣的"神童"，他四岁时就能做一些比较复杂的算数，小学时就识得很多字,大概也正因如此他才能看懂随手拾得的物理课本。他的中学也未能顺利读完,却能够在高考中考入了浙江大学,足见其天赋异禀。大二那年,日军攻入贵州,大学又被迫停课,怀着对物理的痴迷,李政道不愿放弃学习,辗转进入西南联合大学物理系,并毛遂自荐,跟随吴大猷教授学习。

结束大二的学习后,年仅 20 岁的李政道被导师推荐赴美深造。他虽未大学毕业,但还是凭借自己的实力通过了重重考核,被芝加哥大学研究生院录取。第三年,他便通过了博士论文答辩,被誉为"神童博士"。毕业后,李政道留在美国担任教职,同时从事粒子物理和场论领域的研究,于 1957 年与杨振宁共同获得诺贝尔物理学奖。

作为一名天才少年、年轻有为的诺贝尔物理学奖得主,李政道回国后产生创办"少年班"的想法,想必也是基于他的个人成长经历吧。

在探索和研究物理学的道路上,李政道从不将自己的思维局限在一处,而是广泛涉猎,且敢于推陈出新,不断进军理论物理学前沿。刚毕业时,他从事粒子物理和量子场论相关的研究,联合提出了"李模型"理论、"李—杨假说"等重大科研成果。1984 年,李政道的兴趣转向高温超导波色子特性、中微子映射矩阵,以及解薛定谔方程的新途径的研究。

21 世纪,李政道又将目光投向了新世纪物理学的发展。耄耋之年,他仍在挑战物理,为研究简并的物理真空,在求解薛定谔方程式和非微扰问题方面做了一系列工作。

　　很多人可能不知道，李政道除了是一名科学家外，其实还是一名"艺术家"。在科研之余，李政道的另一爱好就是绘画，并且作为业余绘者还颇有些艺术造诣。

　　1988 年，李政道曾与著名画家吴作人一起为当年举办的"二维强关联电子系统国际会议"创作会议主题画《无尽无极》，并与多位艺术家联合创作数件艺术佳品，合作者中有李可染、黄胄、华君武、吴冠中等杰出的艺术大师，这些科艺作品闪耀着科学与艺术碰撞出来的思想火花。

　　除了与艺术家联手创作，李政道还喜欢将生活中的细节随手画成随笔画。他的这些科艺画作多次在国内外展出，受到了很多好评。除自己创作外，他还鼓励年轻人把科学和艺术融合在一起，认为艺术的语言能够引导人们探索宇宙之奥秘、感情之奥秘。为扩大科艺结合的影响力，他设立了上海交通大学李政道科学与艺术讲座基金，定期举办科艺类讲座，并每年举办李政道科学与艺术大奖赛，希望通过这些活动着力培养科艺双修的创新型人才。

　　如今，年近百年的李政道依然没有懈怠他的物理学研究，也没有放下创作的画笔，无论是物理还是艺术，都早已与他的生命融为一体。他在物理研究中感悟理论之美，将这些体悟化作笔下的墨点，又从艺术中获取科研的灵感，二者相辅相成，互相成就。

　　"细推物理须行乐，何用浮荣绊此身"，李政道曾借用杜甫的诗，表达他对自己热爱的物理事业的态度。他不为名、不为利,只是享受自己探索过程中的乐趣,然后,再用自己的所学所长,为祖国的科学发展和教育事业做一点力所能及的事情。

重读书也重品格养成: 书香门第的教育传承

正所谓童年是人生的父亲,环境是人生的母亲,一个人年幼时所接受的教育和成长的环境,对一个人有深远的影响。这句话在李政道的身上体现得淋漓尽致。

1926 年,李政道出生在上海的一个中产家庭,祖上三代都是颇有名气的知识分子,是很典型的书香门第之家。李政道的曾祖父李子义是东吴大学(今苏州大学)的前身——博习书院的创始人之一,伯祖父长期担任东吴大学教务长,祖父李仲覃是苏州圣约翰堂的第一位华人牧师。受到族中前辈的影响,李政道的父亲李骏康也酷爱读书,毕业于金陵大学(今南京大学),之后到上海经商,从事化肥贸易生意。

后来,李骏康和出生于天主教名门世家的张明璋结婚,生下了五儿一女,其中,李政道排行第三。虽然出生于富庶的商贾之家,但李政道没有成为不学无术的纨绔子弟,也没有就此学习经商之道,而是在父母的悉心教导下,立志成为一个有文化、有学识的人。

李骏康夫妇延续了家族中重视读书的教育理念,平时工作再忙，也一定会抽出时间陪伴孩子们读书，定时检查他们的功课，并亲自教育他们为人处世的道理，以及关于普世、金钱等方面的价值观。为了让子女能够接受更好的教育，他们还为每个孩子聘请了专门的家庭教师，给他们提供国学、数学、外语等学科的启蒙教育，让每个孩子都能接受符合他们特点的教学方式。

一个家庭，无论是清贫或是富裕，都应当重视孩子的文化教育。出身寒门，让孩子读书，便是能够改变清贫的命运；出身富庶，让孩子读书，也能让他更好地跳出自身的局限，达到更高的境界。

身为中国科研教育事业的耕耘者，李政道对于自己的孩子的教育自然也是非常重视的。

李政道的长子李中清是美国芝加哥大学的历史学博士，长期从事社会科学史的研究。他是社会科学史研究的倡导者，也是将社会科学的计量方法应用于分析历史数据的先行者。他和他的研究组把历史和当代的档案资料、社会调查、家谱、碑铭及口述历史联系起来，创立了世界上数一数二的从 18 世纪一直延伸到 21 世纪的大规模个体数据资料。他能获得这些傲人的成绩，与父亲李政道在家庭教育中对他的引导是密切相关的。

李政道继承了父亲的教育理念，并不是"望女成凤，望子成龙"型的家长，而是对孩子的发展抱着宽和的心态，尊重孩子自己的选择。

不过,虽然他对孩子的教育是比较宽容的,却也非常用心。李政道的兴趣爱好非常广泛,除物理之外,他还对艺术十分热爱,对人文社科领域也多有涉猎。当得知李中清不想从事理科,而是想选择法国历史作为专业之后,李政道为他查找了巴黎一流大学历史系的教授名单,并建议他考虑中国史。而他的女儿受到他的艺术创作的熏陶,想要学习艺术,李政道也非常爽快地答应了,并没有横加干涉。

李政道也十分重视对孩子的品格养成方面的教导,他希望孩子都能成为热爱祖国、真诚正直、淡泊名利的人。他经常给儿女们讲述家中前辈的故事,说自己的父亲李骏康从来不是为了钱去做学问,以此教育孩子要真心实意地做学问,不要以成名或赚钱为目的去读书。

除了讲道理,李政道还身体力行地践行这一点,他的儿子李中清默默地将一切看在眼里。在他眼中,父亲极其低调,对待名誉不卑不亢,他获得诺贝尔奖时自己刚5岁,但直到10岁才有机会第一次见到父亲的奖杯,而这还是他实在心痒难耐,多次央求父母能不能看看奖杯后,母亲才把奖杯拿了出来。父亲李政道把功名利禄都看得很淡,很多财物都给了祖国,拿的奖和文件赠予了上海交大图书馆,在上海的故居也无偿捐献了。这样的名利观深深地影响了李中清,他对名利也并不关心,只是专注于社会学的研究。

李政道对于物理和艺术的热爱也深深触动了李中清。只要是心之所向,他便义无反顾,无问西东。即便现在已是近百岁高龄,李政道依然热爱物理,热爱生活,继续他对于物理学的探索和研究。

李政道在家庭教育中留给子女的,便是对于祖国、对于毕生事业的热爱,以及超脱物质欲望的精神境界。

第三篇

地藏其宝

故天不爱其道，地不爱其宝，人不爱其情。

——《礼记》

中国是一个幅员辽阔、地理与气候多样的国家。大地从不吝惜向我们源源不断地奉献着它丰富的资源，但我们国家人口众多，人均占有资源量较少，这是我国几代地理人坚持不懈要去解决的难题。他们用双腿丈量着祖国的大地，用双手发掘着祖国的宝藏。山川大河，戈壁荒漠，荒郊原野，都是他们工作与科研的实验室。艰苦的工作环境磨炼了他们的意志，厚实的大地母亲滋养了他们的品性。虽然他们常年在外，但这些宝贵的财富都在短暂温暖的家庭生活当中留给了自己的子女。

朴实正直，勤奋吃苦，这是地理人代代相传的优秀门风。

第一章

章鸿钊 ▶ 藏山事业书千卷，
望古情怀酒一卮

启中国地质研究之鸿蒙

　　章鸿钊（1877—1951），字演群，后改字爱存，笔名半粟，浙江吴兴（今湖州）荻港人，著名地质学家，中国地质科学事业奠基人之一，中国地质学会首届会长，也是一位作家和诗人。

　　章鸿钊少年时在蒙馆学习，后以第一名的成绩考取上海南洋公学东文书院，成绩优异，后留学日本。1908年9月入日本京都第三高等学校，毕业后入东京帝国大学（今东京大学）理学院地质系，跟随日本地质学创始人小藤文次郎学习。他在留日期间，利用假期回国探亲的机会赴浙江杭州一带进行实地考察。他由钱塘出发，经富阳、临安、于潜，直至东西天目山，历时一月，完成了毕业论文《浙江杭属一带地质》的资料搜索。1911 年 6 月他从东京帝国大学地质系毕业,获理学士学位,毕业回国后为北京京师大学堂农科地质学讲师。

1911 年辛亥革命后,南京临时政府成立,实业部矿政司设地质科,章鸿钊任科长。他认为中国地大物博、资源丰富,国家要富强,就必须勘探开采这些地下矿藏,而当务之急是培养中国自己的人才。章鸿钊拟定了一份《中华地质调查私议》并附有筹设中国地质研究所简章,文内写道:"调查私议者,欲诉之于全国人民也。设研究所,并期之于我国后生青年也,而尤以培植青年为最切要。"

他从 1912 年 9 月起改任北京农林部技正。1913 年地质研究所成立,章鸿钊任所长,当时地质研究所招收中学毕业生,培养地质人才,修业期限为三年,章鸿钊亲任教授。1914 年工商部与农林部合并为农商部,张謇任部长,章鸿钊任技正科长。张謇认为招收学生之事属教育部,应立即解散,经章鸿钊条陈,研究所计划始得批准,至 1916 年有 22 个学生毕业。这批毕业生后来有不少人成为我国有名的地质学家和地质调查骨干,如叶良辅、谢家荣、王竹泉、谭锡畴、李学清、朱庭祜、李捷等。章鸿钊领导研究所非常负责,亲自带领全班学生赴西山、泰安等地实习,并在西山区进行勘测工作。研究所师生也进行研究工作。章鸿钊勤恳治学,对学生课业非常负责,亲自批阅学生的实习报告,并改正错误,有敷衍塞责者,他不惮烦劳进行加工辅导。

　　章鸿钊等所撰《地质研究所师弟修业记》是研究所地质业务的经验总结报告。当时的地质研究所多亏章鸿钊以顽强的毅力维持，否则，早就停办。

　　1916 年 1 月起，章鸿钊任农商部地质调查所地质股股长兼北京大学和高等师范学校的地质学、矿物学教授，直至 1928 年 7 月。这时章鸿钊的主要精力还是放在科学研究方面。1928 至 1945 年期间，章鸿钊被迫离开他所创办的地质机构，但仍顽强地致力于地质科学的研究和著述。这段时期，他曾先后被故宫博物院聘为专门审查委员，被中央研究院地质研究所聘为特约研究员。

　　1945 年，中国地质学会为了表彰章鸿钊在地质科学上的贡献，授予他葛利普金质奖章。中华人民共和国成立后，章鸿钊被特邀参加中国地质工作计划指导委员会扩大会议，周恩来总理任命他为该委员会顾问，直至逝世。

　　1951 年地质部部长李四光在章鸿钊追悼会上说："章先生为人正直而有操守，始终不和恶势力妥协；……对于中国地质事业的开创贡献尤大。因此中国地质事业创始人不是别人而是章先生。"

　　章鸿钊一生专著及各种文稿 300 余种，从近代地质科学角度研究了中国古籍中有关古生物、矿物、岩石和地质矿产等方面的知识，开中国地质科学史研究之先河，为中国地质界当之无愧的一代先驱。

与书为伴，以学为山：鸿文咏德，书山有路

1877年的春天，浙江吴兴县城南荻港一个清贫的书香之家，章乃吉迎来了自己的第三个孩子，欢喜之余，望子成龙的他为儿子取名为"鸿钊"，希望儿子以后能心怀鸿鹄之志，成为一代国之栋梁。

章乃吉是一位蒙馆塾师，章鸿钊从5岁起就在父亲开的蒙馆里读四书五经，成绩超众。12岁时又随族叔学习作文，能够诵读大量的诗文古籍，通读《古文观止》《廿一史约编》《王船山读通鉴论》《纲鉴易知录》等，并与正史参读，"始得略识历朝政治利弊得失之概要"，打下了深厚的文学历史根底，奠定了坚实的国学基础。

17岁时，章鸿钊对数学产生了浓厚的兴趣。在他看来，数学是一切自然科学的基础，值得人们用更加科学的态度去理解和学习。他曾遍览中国古典算术书籍，21岁时即辑成初步综合算草一册。后来，他虽沉湎于深奥抽象的科学玄理之中，却也时常偷得闲情吟诗作赋，为自己赢得了"科学家诗人"美誉。

早年在蒙馆与书为伴、于书山史海中尽情遨游的经历，影响了章鸿钊一生的兴趣爱好，也树立了他践行一生的知行准则。

章鸿钊在专注于中国地质事业的同时，一直保持着风雅的情怀与热忱。他善交名士，爱写诗词，也写得一手好字。

　　他撰有上千首诗词,来表达不同时期的情怀:"以情意为主,即本古人诗言志歌咏言之旨,歌即诗也,诗犹词也,志即情意也,无情无意,是无志矣,则诗与词俱可不作。"谈到治学时,写有"治学何尝有坦途,羊肠曲曲几经过",言传身教,培养了我国地质事业的首批骨干,"以中国之人,入中国之校,从中国之师,以研究中国之地质者,实自兹始";抗日战争全面爆发后,写有《水调歌头·好江山》,站在国家民族的高度,写出"不信江山改,依旧好江山",并亲自谱曲,"其声和谐壮美,非近世靡靡之音可比……聚团体以歌之,当更令人神意飞扬也";中华人民共和国成立后,写有"爆竹声声祝太平,于今始解问苍生",抒发人民当家作主的激动心情。

　　章鸿钊与地质同仁的友朋书札中,除了对地质科学发展具体问题的探讨与关切外,也有在学术讨论后的诗句切磋。与友人的诗词唱和,颇有古来文人对酒当歌的傲然风骨。其中既有以诗言志、以歌咏言、畅谈理想,也有对因常年战乱而造成混沌江山的怅惘之意;既有"芒鞋未肯经羁束,又向层峦叠翠来"的豪情,也有"举国穷荒四海兵,燕京城外少人行"的担忧,更有"满腹离愁问酒壶,老来何事上征途"的乡愁。谈及所热爱的诗词歌赋,章鸿钊表示,"人生总要寻一种廉价娱乐,日日读硬性的科学书,亦嫌太不调和"。

　　章鸿钊所留下的书札大都有起草或阅读时的批注和标记,有反复修改和推敲的痕迹,这也是读书生涯教会他的一丝不苟、务实缜密。

　　章鸿钊一生从未停下自己学术研究的脚步。他学识渊博，勤奋刻苦，生平著述颇多，在地质学、岩石学、矿物学、地质发展史等诸多领域都发表了大量学术著作，为我国地质事业的综合发展做出了巨大的贡献。除了地质专业方面的专著论文外，还"兼及哲学、文学、历学、音韵学等方面"。他在《六六自述》中写道："至予之为学旨趣，又不尽以地质为限也。"他倡导"一种科学不能不与其他科学相辅而进"，"互相商讨必有是非大白之一日"，多次强调学术讨论是一件不可多得好事，学术讨论是商榷是非，并非与人争长短、较成败，由此可见他的科学研究理念。他在与日本东洋史学界泰斗白鸟库吉博士进行学术研讨后感叹："今乃得与东方史学大家遥隔重瀛，商榷是非，诚不失为一快事也。"这也从侧面反映出章鸿钊严谨的工作作风和求真的学术素养。

　　章鸿钊22岁得中秀才，正因为饱读诗书，他得见虚伪上国背后破碎动荡的河山，自然也生出困苦忧患的意识。他深知"科举靡敝，至此已极"，内心强烈涌动"素丝之悲，歧路之感"，决心"谋得官费出洋留学为上策"。

　　1905年，时年28岁的章鸿钊获得公派留学的机会，踏上了赴日留学的旅程。起初，章鸿钊希望在大学选习农科专业，然而考虑到名额受限，几经考量，最后抱着"宜专攻实学以备他日之用"的宗旨，决心改习地质学。

　　章鸿钊在《六六自述》中谈到："予尔时第知外人之调查中国地质者大有人在，顾未闻国人有注意及此者。夫以国人之众，竟无一人焉得详神州一块土之地质，一任外人之深入吾腹地而不之知也，己可耻矣。且以我国幅员之大，凡矿也、工也、农也、地文地理也，无一不与地质相需。"一想到此，年轻的章鸿钊不禁满腔悲愤，却也更加坚定了他的信念，"予之初志于斯也，不虑其后，不顾其先，第执意以赴之，以为他日必有继予而起者，则不患无同志焉，不患无披荆棘、辟草茉者焉。惟愿身任前驱与提倡之责而已"。就这样，怀揣满腔热血，章鸿钊踏上了艰苦卓绝的地质研究之路，用自己的一生践行报国誓言。

章鸿钊在他的有生之年，几十年如一日，做了许多于中国地质科学、中国科学技术史等领域有开创性的工作。他设计中国地质科学发展之蓝图，并身体力行去推动规划的实施，奔走呼吁地质调查之重要性，培养地质人才，推进中外地质科学的交流；他讨论我国中生代以来地壳运动的方式，倡导矿物学史和地质学史研究，先后撰写并发表了《三灵解》《石雅》《古矿录》《自鉴》等著作；总结了中国古代哲学家和科学家的发明和贡献，所撰大众读物如《火山》等对后学青年帮助颇大。

从今天的视角去审视章鸿钊，他的誓言仍然掷地有声，振聋发聩。

积土成山，积水成渊：家族精神薪火传承

章鸿钊出身的荻港章氏自绍兴迁徙至湖州，崇尚诗书礼

学, 是荻港有名的望族。章氏曾在园林里设立私塾——积川书塾, 以培养家族子弟。"积川"之取自《荀子》的名句"土积成山, 水积成川", 希望书塾能够培养出源源不绝的读书人, 登科成名, 光宗耀祖。章氏人才辈出, 除了章鸿钊与其次子章元龙在学术上颇有建树, 辛亥革命后, 其他家族成员在军事、外交、实业、教育、艺术、交通等各领域都有所成就。

章氏向来重视国学文教, 章鸿钊自然也承袭了祖上的传统, 以身作则的同时, 凭拳拳爱国之心为基底, 视教书育人为己任, 推己及人, 由"小家"到"大家", 为后来的章家人矗立了百年不倒的精神雕像。

章鸿钊以读书自省作为家庭教育的核心。史书有云:"夫以铜为镜, 可以正衣冠; 以史为镜, 可以知兴替; 以人为镜, 可以明得失。"章鸿钊亦是读四书五经"始得略识历朝政治利弊得失之概要"。他认为读书要将学与思紧密结合, 并非一味死记硬背。章鸿钊 12 岁时学的就是八股文的基本写法, 但从那时起父亲便教导他, 八股文是朝廷取仕的手段, 不可不学, 但如果光是在八股文的破题、起讲里打转却是成就不了任何事情的, 更要紧的是多读史书和史论, 读得好了便可以从历代的兴亡治乱中得出些经验教训来, 读到忠臣孝子的事迹知道景慕, 读到奸臣逆子的恶行知道警惕, 这书才不算白读。在新时代的浪潮中, 在环境与志向发生冲突时, 外界的制约会迫使人的选择发生变化, 这种变化有两种可能, 一是盲目的, 二是有思考的, 优选自然是第二种。求知不应该是盲目的, 学习的目的是有的放矢，能够不断思索、不断自省。

章鸿钊以家国情怀为家庭教育的基础。他始终胸怀正义力量和爱国情怀，不仅心怀一腔热血开辟地质研究之路，践行自己的报国誓言，更是在抗日战争的黑暗时期，始终拒绝敌人的邀请，宁可过着极为贫穷的生活，甚至变卖珍贵的整套藏书度日，也坚决不与日本侵略者合作。他写下大义凛然的壮烈诗篇："浩荡江河南北，赤县神州万里，终古地灵蟠"，昂胸翘首，傲然而呼。日据期间，章鸿钊曾声色俱厉地批评害怕困难不愿离开北京的学生兼同仁："日本正想利用你们，你们应即速离开北京。"在他的感召与催促下，他的学生终于奔赴抗战后方。章鸿钊的儿子章元龙亦在父亲言行的熏陶下，立志投身科学，一生勤奋刻苦，孜孜不倦地将毕生精力奉献给了祖国的科学事业。章氏后人也将章鸿钊视作"具有高风亮节、爱国忧民、永是吾后人楷模的科学巨匠"，遵循他的理念，为新中国的建设做出自己的贡献。

章鸿钊由"小家"到"大家"，以教书育人、辟中国地质教育事业之先河为己任。中国自古便有"老吾老以及人之老，幼吾幼以及人之幼"的主张，章鸿钊更是将之践行到极致，将"小家"拓展到"大家"，从对子女的家庭教育拓展到对全中国年轻人的教育。章鸿钊的业师是日本著名地质学家小藤文次郎，小藤先生在章鸿钊完成学业即将归国时向他提问："君将行矣，君亦知此行所负之责任乎？今世界各国地质已大明，唯君之国则犹若未开辟之天地然，而开辟之责其在君乎？君若不学于是则已,既学而归,归而不行具所学,或不尽其职焉,则与已死之陈人无异也。"此语出自异国业师之口,对章鸿钊的触动是极大的。章鸿钊将恩师的告诫铭记于心,回国后,应邀来到京师大学堂担任地质学讲师,开启了中国人自己在高等学府讲授地质学课程的先河。他清楚地认识到当时的中国地质事业人才之匮乏、教育之不足,多次振袖高呼兴办"地质调查储才学校",全身心地投入我国地质教育事业,用自己瘦弱却坚实的肩膀,在动荡的岁月中,为学子们撑起了一片宝贵的蓝天。从 1913 年地质人才的屈指可数,到 6 年后人数占据科学界的半壁江山,短短几年间,中国地质人才从无到有、到多的巨大转变离不开章鸿钊的不懈努力。回顾历史,章鸿钊作为中国地质教育的先驱,其高瞻远瞩的眼光、矢志不渝的精神、敢为人先的魄力无不令后世之人钦佩,中国的地质工作也自此踏入了新的发展纪元。

> 治学何尝有坦途,羊肠曲曲几经过。
> 临崖未许收奔马,待旦还需傲枕戈。
> 虎子穷搜千百穴,骊珠隐隔万重波。
> 倘因诚至神来告,倚剑长天一放歌。

　　1946 年,69 岁的章鸿钊写下了这首《自述》七律,短短几行,却是对章鸿钊一生追求真理、不怕艰难、无愧于心的最佳写照。

第二章

李四光 ▶ **无愧大地光，油海千顷浪**

"大地之光"的人生画卷

李四光(1889—1971)，原名仲揆，出生于湖北黄冈，我国著名地质学家，中国地质科学奠基人之一，中国地质事业的主要领导人和开拓者，中国科学家的杰出代表。2009年被评为"100位新中国成立以来感动中国人物"。

李四光原名李仲揆，在1902年的冬天赴武昌求学报名时误将年龄"十四"填入姓名一栏，增添几笔遂改成李四光，取"光被四表"之意，而以仲揆为字。1904年赴日本留学，次年参加了孙中山在日本东京召开的中国同盟会筹备会，是同盟会的创始会员之一。

李四光于1911年毕业回国。同年9月到京师参加"海归"考试，李四光以最优等的成绩考取了"工科进士"。辛亥革命以后,李四光于 1913 年赴英国伯明翰大学深造地质学,1918 年毕业,被授予自然科学硕士学位。1920 年回国以后,李四光担任北京大学地质系教授、系主任;1928 年任中央研究院地质研究所所长,1929 至 1971 年 10 次担任中国地质学会理事长。1948 年当选为首批中央研究院院士。

1949 年,中华人民共和国成立后,滞留在英国的李四光内心迫切地想要回到祖国投入建设,当时的中国科学院院长郭沫若亲笔写信给他,此信由新华社伦敦分社陈天声交留英机械专家许绍高再转交给李四光,帮助李四光冲破重重阻挠返回祖国。回到祖国以后,李四光先后担任了中国科学院副院长、地质部部长、中国科学技术协会主席、中国地质学会会长、世界科学工作者协会执行委员会副主席、地质部地质力学研究所所长、中国科学院地质研究所和古生物研究所所长等职务。1955 年他被聘为中国科学院学部委员(院士),1958 年被聘为苏联科学院外籍院士,1958 年加入中国共产党,任中国共产党第九届中央委员,1958 年当选为中国科学技术协会首任主席。

1971 年 4 月 29 日李四光在北京逝世,享年 82 岁。李四光一生写下数百万言,140 余篇(部)科学论著,主要著作有《地球表面形象变迁之主因》《东亚一些典型构造型式及其对大陆运动问题的意义》《旋卷构造及其他有关中国西北部大地构造体系复合问题》《地质力学概论》等。他创立了地质力学,创造性地将地质学和力学结合在一起,提出构造体系新概念,运用地质力学理论和方法，在指导煤田预测，寻找多金属矿、稀有稀土金属矿等方面做出了卓越贡献。他提出的关于古生物化石的分类标准与鉴定方法，一直沿用至今；建立的中国第四纪冰川学，为第四纪地质研究，特别是地层划分、气候演变、环境治理和资源勘查等开拓了新思路。为纪念李四光和鼓励广大地质工作者多做贡献，1989 年国家设立"李四光地质科学奖"。

以国为家，翻山过海的地质大家

1971 年 4 月 29 日，李四光先生与世长辞，人们在他的床头发现了一张纸条，上面用钢笔写着："在我们这样一个伟大的社会主义国家里，我们中国人民有志气、有力量克服一切科学技术上的困难，去打开这个无比庞大的热库，让它为人民所利用……"他从小就立志于振兴中华，他的父亲将他培养成一位渴望以知识改变世界、以革命改造国家的有志青年。家国一体，为国奉献的家风已经浸入李四光的生命。作为现代中国进步爱国知识分子的典范，他一生都在为国家、为人民奉献。他在华夏大地上寻得铀矿，引来龙吟，将真理纳入大炮射程之内；他用一双慧眼，摘掉了中国"贫油"的帽子，让大庆油海万顷，石油工人拊髀雀跃；他还推动了地质力学的创立和发展，打破了"地震不可知论"，奠定了我国现代地球科学

和地质工作的基础,是中国地质事业的群星中最明亮的
一颗。

20世纪20年代初,李四光开始了对中国第四纪冰川的研
究。他对我国东部有关第四纪冰川作用问题有很大兴趣,在
30年代,他完成了《冰期之庐山》一书,引起中国乃至世界地
学界很大的兴趣和探讨。40年代他又对贵州高原、川东、鄂
西、湘西、桂北等地做了调查,发表了不少有关中国冰川的文
章,为中国第四纪地质学的研究增加了新的重要篇章。李四
光的研究推动了学者对今天中国东部古冰川遗址的勘探,帮
助后来者在黄土研究、青藏高原隆升、山地冰芯等领域取得丰
硕成果。在当今全球变暖、气候剧烈变化的大背景下,新的间
冰期是否到来也涉及国家利益以及人民生活。

20世纪20年代,有关大陆运动起源的讨论正值高潮之
际,李四光发表了《地球表面形象变迁之主因》一文,提出了
"大陆车阀"自动控制地球自转速度变化作用的假说。地质学
中一个新的理论体系——地质力学就此诞生了。

李四光建立的地质力学,是把力学理论引进到地质学的
研究中,即用力学观点研究地壳构造和地壳运动规律。岩石
在地应力的作用下形变,由于各种岩石性质不同,产生的构造
形迹也不同,依照构造形迹的力学特征和组合形式,可以追寻
力的作用方向和方式,进而探索地壳运动的方向和起源。这
项研究地壳运动的新方法将力学和地质学密切结合起来,开
辟了一条解决地壳构造和地壳运动问题的新途径,是李四光

一生心血的结晶。"彩笔当年点石处，汇成油海千顷浪"，这一理论为寻找我国紧缺的重要矿产资源和解决国家重大工程地质问题发挥了关键作用。在国家建设急需能源的时候，李四光让滚滚石油在神州大地上汩汩流淌。在第三届全国人民代表大会上，周总理骄傲地宣布："第一个五年计划建设起来的大庆油田，是根据我国地质专家独创的石油地质理论进行勘探而发现的！"

李四光的研究及其理论极大地鼓舞了石油战线的广大工作者，让中国如火如荼的建设有了"发动机"。随着我国石油队伍南下，胜利、大港和江汉等油田相继被发现。这些油田的发现和开采，从根本上解决了当时我国石油资源匮乏的问题。李四光以其精湛的理论研究和实践指导，为我国甩掉"贫油"帽子建立了不可磨灭的功勋。

20世纪60年代，我国地震频发，李四光深感地震灾害对国家和人民生命财产造成的损失之严重，在生命的最后几年里，他将很大的精力投入了对地震的预测、预报研究工作。他认为地震是一种地质现象，大多是由于地质构造运动引起的，因此，对构造应力场的研究、观测、分析和掌握其动向，是十分重要的。在邢台地震之后，他对河间、渤海湾和唐山等地区孕育发生地震的可能性，提出过一些预测性的意见，后来被证明是正确的。今天的地震工作者继承李四光先生的遗志，继续保卫着人民群众的生命财产安全。

"蔚为国用"：一门三院士的家教与砥砺

李四光出生于湖北省黄冈县回龙山街下张家湾（今湖北省黄冈市团风县）的一户贫寒人家。古人云：业精于勤荒于嬉，行成于思毁于随。身在一个贫寒的家庭，李四光上午要到学馆学习，放学回家还要和长兄伯涵一起扫地、提水、推磨、捣米、打柴，到了晚上还得和哥哥一起在油灯下背诗、练字。寒门出贵子，李四光从小就被父亲锻炼成一个勤奋刻苦的人。

黄冈县只是一片弹丸之地，但就在这个偏僻的山村里，诞生了李四光、林育南、张浩、肖云鹄、王亚南等众多革命斗士和学者。这一切都要从李四光的父亲李卓侯的家庭教育说起。正是求知浓郁的家风和李卓侯开阔进步的教育方式造就了优秀的李四光。

李卓侯是当地一个乡村私塾先生，教学质量在鄂东颇有名气，师风源自家风，他对李四光的教育非常重视。几年私塾教育之后，到了李四光正式上学的年龄，当时正赶上洋务派搞洋务运动，湖广总督张之洞主张革新教育制度，建立新式学校。这种新式学校除了教授四书五经外，还教授很多新的科学知识。在那个时代，科学知识还被视为"旁门左道"，是不受欢迎的异端。但求知欲很强的李四光听到这个消息很兴奋，向父母请求，让他去新学校读书。李卓侯敏锐地发现李四光对船舶、动力等知识很感兴趣，顶着家中的经济困难供李四光去新式学校读书，用借来的钱把 13 岁的李四光送去武昌。

李四光能够走上地质学研究，据说也有父亲李卓侯的引导和鼓励。有一次李四光问父亲："屋外的那块大石头是从哪里来的？"这可把李卓侯问住了，他摇了摇头说："我也不知道。"不过，李卓侯感觉李四光问的很有道理，就引导他说："在离这很近的地方没有山，它不是从山麓上滚下来的，也不可能是人们抬来的，它的来历还真是一个谜，你能探索出真相吗？"一块平平无奇的大石头，没有人关心它的来历，但是，这个问题却被只有 6 岁的李四光提了出来。"孩子，等你长大读了书之后就能解答了！"这句话居然就此应验了：李四光研究了一辈子"石头"。

最重要的是李卓侯先生既教书，又育人。他秉性刚正，为人耿直，爱打抱不平。他痛恨清政府腐败，曾因同黄冈革命党人吴贡三、殷子衡等来往密切而受牵连。李卓侯把自己忧国忧民的家国情怀传给了李四光。他经常向自己的学生讲历代爱国者的英勇事迹，讲太平天国军队在黄州战斗的故事，教导学生要爱民族、爱国家。甲午战争时，尽管中国人民和爱国官兵英勇作战，但由于清政府的腐败，北洋水师全军覆没，清政府派李鸿章前往日本签订了可耻的《马关条约》。李卓侯闻讯此事很是气愤，他告诉李四光，一个落后迂腐的国家只会被侵略瓜分，只有通过改革和革命让国家富强起来，才能和外国人平起平坐。不久，戊戌变法失败，康有为、梁启超出走，谭嗣同、林旭等六人于菜市口被杀,李卓侯把这件事一五一十地告诉了李四光,告诉他革命需要流血牺牲。在这些革命故事的耳濡目染之下,李四光很快也和父亲一样投身于革命事业。

身在泥泞但是心怀理想,父亲的精神品格深深感染了李四光,使得他在最最困难的时候也能保持斗志。不管是在大革命时期,还是社会主义建设中,他都是最能吃苦、最能打硬仗的人。他自己后来说:"每忆及先父母在世情况,辄僵坐不欲出一言。人惊而问之,则支吾其词以告,实在所不忍言者矣。"父亲成了他的精神锚点,支撑着他战胜一个又一个难关。

这种吃苦耐劳、求知钻研的朴实家风浸润了李家,自然也"遗传"给了李四光的女儿。他的女儿李林是物理学家,女婿邹承鲁是生物学家,一家三口同为中科院院士,在各自的研究领域都取得了骄人的业绩,书写了"一门三院士"的传奇故事。据李林回忆,小时候父亲经常用左手把她揽在怀中,右手不停地写着似乎永远也写不完的文章,父亲挂在嘴边的冰川、化石、显微镜等名词她虽似懂非懂,却让她感觉非常神奇,仿佛有着很大的诱惑力,令她对未知的世界充满向往。父亲对科研严谨执着的精神、对大千世界孜孜不倦的探索精神早已潜移默化地在她幼小的心灵里扎了根。李林在伯明翰大学攻读物理,对这个领域十分陌生的李林屡次想要放弃,但父亲在国内不间断地用英文给她写信,安慰她"不要着急、慢慢来",鼓励她坚持。这些精神上的支持,帮助李林顺利拿到硕士学位,并获得了攻读剑桥大学物理冶金博士的机会。正是这种坚持不懈的精神让李林学成回国后，成为中国第一个用透射电子显微镜研究金属材料显微结构和性能的科学家。

革命已经胜利，但中国的建设不会停止。几十年来，李四光不停重复地词语就是"蔚为国用"。在科研上，李林和邹承鲁沿袭了父亲的这一作风。李林学一门钻一门，干一行爱一行，怀着和父亲、爷爷一样的"螺丝钉"精神，国家哪里需要，就往哪里去。她此生的科研之路因为国家的需要三次更改方向：从钢铁事业、原子能事业到超导材料事业。邹承鲁也秉持着这样的家国情怀，当李林从事危险的热核实验时，女儿邹宗平刚刚 5 岁，由于妻子每天与核反应堆打交道，不得不与丈夫和唯一的女儿分居 12 年，邹承鲁对此毫无怨言，他深知，为国奉献是神圣的使命，要用一生去完成，所以他一直在背后默默地支持着妻子。

在这样的家庭环境中成长，如今，邹宗平——李四光唯一的直系后人也继承了外公的事业，成为一名地质学家。在谈到家风传承时，邹宗平说，"家"的概念并非单指家庭，李四光一直把地质力学所视作自己的家；家风传承也不仅仅包括子女的教育，还包括科学态度和科学精神的接力。前人与后人接力，小家与大家接续，这是社会主义事业长盛不衰的底层基因，是几千年来中华民族奋勇争先、继往开来的根本源泉！

第三章

竺可桢 ▶ 收回中国天气预报
"主权"

中国近代地理学的奠基人

竺可桢(1890—1974),著名的地理学家、气象学家、科学史家和教育家,中国科学院院士。字藕舫,又名绍荣、烈祖、兆熊,浙江绍兴东关镇(今绍兴市上虞区)人。竺可桢先生对于现代地理学科和气象学科建设发挥了不可替代的作用,2009年陆大道院士在纪念中国地理学会成立 100 周年时曾经这样评价:"竺可桢在地理学学科发展方向、地理学研究机构的设立和学术带头人的培养、若干重大任务决策等方面,在长时期内(从 20 世纪 20 年代开始,特别是在 50 年代)都发挥了主要作用,是中国近代地理学的奠基人,处在中国近现代地理学发展中做出杰出贡献的第一人的位置。"

竺可桢 9 岁入学堂,师从章镜尘,20 岁以第 28 名考取第二期庚款留美公费生,进入伊利诺伊大学农学院学习农业,1913 年,获农学学士学位,同年考入哈佛大学地质学与地理学系,后获得气象学硕士与博士学位。1915 年获得硕士学位后,竺可桢在赵元任的介绍下加入中国第一个科学社团"中国科学社"。1918 年被授予博士学位,并于同年归国报效国家。1949 年中华人民共和国成立后,竺可桢被任命为中国科学院副院长,1955 年,被选聘为中国科学院学部委员(院士),1962年 6 月加入中国共产党,1974 年于北京医院病逝。

竺可桢的一生可谓教育科研两开花,在科研领域其主要著作有《中国气候区域论》《东南季风与中国之雨量》《中国气候概论》《二十八宿起源之时代与地点》《物候学》《中国气候特点及其与粮食作物生产的关系》《中国近五千年来气候变迁的初步研究》等。其中,《中国近五千年来气候变迁的初步研究》在国内外引起轰动,《二十八宿起源之时代与地点》在物候学研究中有创造性的贡献,得到国内外学术界的高度评价。据不完全统计,他的学术论文、科普作品等著述多达 200 万字,对我国近百年来社会、科技、教育、文化的发展都如实记录,是珍贵的科学研究资料与人类文化遗产。

在人才培养方面,竺可桢在回国后创建东南大学地学系,并担任系主任,这一学科后发展为南京大学地学系并先后培养了各类院士近 50 位。在竺可桢担任浙江大学校长的 13 年里,浙江大学从三个学院 16 个系发展至七个学院 25 个系和10 个研究所,并陆续培养了 3 500 余位国家高级人才,包括钱人元、程开甲、胡济民、叶笃正、谷超豪等。

为学、理想与立身处世：用一生诠释"求是精神"

了解竺可桢，必然离不开的是他为之奉献一生的地理学与气象学等科学领域，作为一名科学家，竺可桢用一生诠释了"求是精神"的内涵，躬耕于科学的土壤。竺可桢做到了如他自己所说的"一是不盲从，不附和，只问是非，不计利害；二是不武断，不蛮横；三是专心一致，实事求是"，人间苍茫八十载，那份心有大爱为国为民的科学家精神贯穿了他的一生。

竺可桢 1918 年归国，作为我国历史上第一位气象学博士，他看到的是军阀割据、满目疮痍的中国。国家在风雨中飘摇，在这样的大背景下，国内的气象学现状不可谓不令人担忧，九州之内几乎找不出一所中国人所有的现代气象观测站，仅有的观测站不是建立在租界就是为外国传教士所掌握。竺可桢说："夫制气象图，乃一国政府之事，而劳外国教会之代谋，亦大可耻也。"于是他一心筹建属于中国人自己的气象观测站。1928 年在南京北极阁，竺可桢创办了中国第一个气象研究所，中国气象事业迎来了的第一个转机。1930 年 1 月 1日，中央气象研究所开始发布气象预报，这标志着中国人向自己的国土和海域独立自主预报天气的开端。之后的四十多年内,竺可桢身先士卒,率领无数有识之士在华夏大地建立起四十多个气象站和一百多个雨量测量站,这些观测站织就的大网覆盖了这片我们世世代代生存的土地,收回了中国天气预报"主权",更宣誓了每一个中国人、中国科学家对祖国的一片赤血丹心……

竺可桢作为中国"问天"第一人,从科学家到教育家的转变,是为"教育振兴浙江"的 13 年无私奉献,也是其一颗赤子心的体现。20 世纪 30 年代的中国,无休止的战争碾碎了历史的红墙青瓦,竺可桢于战乱中出任浙江大学校长,一腔热血扛起了在战争中发展教育的大旗。1937 年底日军在距离杭州一百公里的全公亭登陆,浙江大学危在旦夕,竺可桢毅然决定带领全校师生西迁,从浙江杭州到浙江建德再到江西泰和,竺可桢肩上扛起的是千余名师生的性命、千百箱书记资料的价值,他一个人走在队伍的前方,尽管历经了家庭的巨变——妻子与儿子的相继离世,但他仍用瘦弱的背影撑起了西迁路上的一片天。他将"求是"上升为一种精神,不仅仅是做学问的态度和方法,更是涉及理想、责任和立身处世的价值观,将科研精神凝聚为西迁路上的精神支点。也正是这种明亮、凝实的精神的指导,让那时的浙江大学依旧能在战火中屹立不倒,也鼓舞后来的浙江大学学子在科研中坚守。尽管校政繁忙,竺可桢却从未放弃科学研究,抗日战争结束前,他在中外报刊发表各种论文多达 39 篇。

作为一名科学家、学者,竺可桢用自己的方式为民族精神注入了鲜活的血液,以科学的营养哺育民族精神的谱系。抗日战争进入僵持期后,竺可桢明确号召:以科学方法研察吾国民族;夫起膏肓,箴废疾,壮心胆,励志节,悉今日之急务。强国强心,启民智,聚民魂,竺可桢致力于从科学史的角度树立起民族的自信心。1944 年《思想与时代》杂志第 34 期的《二十八宿起源之时代与地点》一文,在世界科学史上留下一抹鲜艳的中国红;1953 年,以《中国近代科学论著丛刊——气象学》序对中国近代气象学史进行总结。对于自己的研究,竺可桢先生勤勤恳恳,兢兢业业,将一个个史实归位,填补民族科学史的空白。他在 1954 年的《为什么要研究我国古代科学史》中表示:"总之,我们古代所积累的自然科学材料异常丰富,我们再不能置之不理,任其埋没于故纸堆中了。自然科学史是文化史的一部分,过去资本主义国家所出版的世界史,充溢着西方优秀民族包罗一切的法西斯思想,对于中国的文化史说得甚少……我国古代自然科学史尚是一片荒芜的田园,却满含着宝藏,无论从爱国主义着想或从国际主义着想,我们的历史学和自然科学工作者都有开辟草莱的责任。"看似毫无关联的科学研究,为民族精神提供了新的养料,助力中国的复兴。

　　科研强国,教育兴国,竺可桢先生以严谨认真的科学精神和一心报国的爱国主义情怀为他的子女留下了宝贵的精神财富,同时他作为浙江大学的校长,将这种理念深植于浙江大学的教育之中,培养出了一批又一批国家栋梁。

悉心引导与尊重选择：祖孙三代的绵延影响

竺可桢的勤奋好学与家庭教育有着深刻的联系，受他的父亲竺嘉祥秉承的"万般皆下品，唯有读书高"思想的影响，竺可桢自小就聪慧好学。幼年时大哥竺可材考上了秀才，亲友们都来祝贺的场面和父亲竺嘉祥的兴奋，也使竺可桢深深地感到，念书求学问是一件好事，他由此产生了强烈的求知欲望，在心里种下了一颗好学的种子。竺可桢一生致力于科研，在科学领域硕果累累，在家庭教育中也非常注意培养孩子文理兼修，德智体美劳全面发展。他在浙江大学当校长时，就既注重基础学科教育，也重视人文学科的培养。

作为一名父亲，竺可桢同样特别看重子女基础课的学习和人文素养的提升。他从兴趣入手，细心引导孩子们发现生活中蕴含的自然、社会和人生道理，就像高尔基所说：人的知识愈广，人的本身也愈臻完善。竺可桢以其开阔的眼界为孩子铺就了一条学业的道路。除了思维能力的提升，竺可桢也非常注重子女身体素质的培养，据其子竺安回忆，小时候，父亲经常带他去南京中央游泳池游泳，他也因此培养出了游泳的兴趣，有赖于父亲的栽培，不满 16 岁的竺安还曾取得过贵州省游泳冠军的好成绩。

竺可桢先生一共有五个子女，不同于那个年代子承父业的传统,五个子女中竟无一人继承竺可桢的专业和研究方向,并且只有竺安一人从事科研工作。但在竺安看来,能否继承父亲的职业并不重要,重要的是是否能像父亲一样,掌握分析认知事物的正确方法,传承科学家精神。可见竺可桢先生在家庭教育中秉持着一种开明的态度,并不约束孩子们的志向。竺安回忆抗日战争前全家还生活在南京时,二哥竺衡收到了父亲给他的生日礼物——"少年化学实验室"。哥哥和竺安一起尝试制备的笑气虽然失败了,但依然得到了父亲的肯定,由此竺安对化学的兴趣也被激发出来,成为少年时代的一大爱好,并最终考入了浙江大学化学系,成为中国科学院化学研究所的一名研究员。

作为孩子的第一任老师,竺可桢严谨认真、一丝不苟,他的言传身教也在孩子心里留下了深刻的烙印。"晴转多云,东风一至二级",短短几个字是这位中国近代气象学和地理学奠基人在离世前的一天仍一丝不苟记录下来的。竺可桢一生写了厚厚的几十本日记,作为一名气象学家,他每天观察并记录物候和天气,整整 53 年的笔耕不辍,除了 1935 年以前写的日记在抗日战争期间丢失以外,从 1936 年 1 月 1 日到他去世的前一天总计 38 年零 37 天没有一天中断,这份严谨务实的作风在任何工作中都颇具价值。竺可桢的这份言传身教也让孩子们受益颇深,父亲严谨务实的作风犹如一座灯塔,深深影响着竺安的科研之路。

几十年来,竺可桢身上的爱国主义情怀和求是精神不仅深深地影响着他的子女和后代,更深深影响着每一代浙江大学的学子、每一代科学家和科研工作者。这种精神之所以能代代相传,既是因为其自身的先进性,更因为竺可桢作为一名父亲、科学家、学者身上有的动人力量。

第四章

孙健初 ▶ **风雨前行的阵阵驼铃**

玉门油田的奠基人

孙健初(1897—1952),字子乾,河南濮阳后孙密城村人,中国杰出的石油地质学家,玉门油田的开拓人。孙建初虚心好学,工作勤奋,不论是采集岩石标本、记录地质现象,还是整理地质资料、描绘图件、撰写论文报告,皆亲临现场,身体力行,一生撰写高水平论文、报告三十余篇,绘图数十余件。

1927年,孙健初毕业于山西大学地质采矿系,1928年受聘于山西省建设厅。1937年,孙健初加入了国民政府资源委员会设置的甘肃汹矿筹备处,他带领全体工作人员,仅用半年时间,便查明了老君庙、石油河、干油泉等地区的生油层、储油层和地质状况,写下了含金量极高的《甘肃玉门油田地质报告》,希望以老君庙为中心,立即施工钻探。但当时的国民党政府十分腐败,孙健初申请不到经费和机器,在他束手无策的时候,中国共产党向他伸出了援助之手。周恩来亲自从陕北解放区的延安油田抽调钻机和工人,支援玉门油田。孙建初主持了玉门油田第一口油井的钻探工作,揭开了开发玉门油田的序幕,随后向其他油区扩大钻探后仍井井见油,充分证实了"玉门是一个具有工业价值的良好油田"的科学论断。随着情况的发展,孙健初对玉门油田的认识也在逐步加深,1940年他写成《修正甘肃玉门油田地质报告》,1941 年 1 月再次修改。孙健初运用前人的知识积累,参照国内外有关资料,以玉门油田的地质为对象,开始探索石油生成、运移、储集的规律。

20 世纪 30 年代的中国动荡不安,地质工作不被重视,像这样没有经费的时候还有很多,地质研究者的勘探仪器常常只有一个罗盘,一把小铁锤。在这样艰苦的条件下,孙健初三进绥察调查都是一人独立完成,其行程曲折达三千千米。经过这三次调查,孙健初写出《绥远及察哈尔西南部地质志》,引起地质界的重视,被视为中国区域地质方面的重要文献。中国著名地质学家黄汲清在回忆地质调查所的往事时,称赞孙健初三进绥察"调查区域之大,行程之长,考察之细,对所得资料分析、论述之令人信服,在 30 年代初期的地质界确属难能可贵"。

1943 年,孙健初奉命赴美国考察石油工业。这期间,他写了《美国地质概况及其寻究石油之方法》一文,对国内的石油地质考察和研究产生了重大影响。抗日战争胜利前夕,孙建初返回祖国,怀着建设祖国、振兴中华的希望,立即投入甘肃、青海一带的石油地质勘探工作,发表了《甘肃文殊山地质》等论著。1940 至 1948 年间,孙健初先后写出《西北油田地质说略》《发展中国油矿计划纲要》《如何在钻井下研究石油地质》等石油地质论文。在《发展中国油矿计划纲要》一文中,他全面论述了国内石油资源状况,认为准噶尔、塔里木、柴达木、川贵、陕甘盆地和蒙古高原是最有希望的油区,山西盆地是颇有希望的油区,冀、鲁、豫平原是有希望的油区。为更好地阐明这一理论,他还绘制了一幅《中国石油理想分布图》。这些论断,多数已被中华人民共和国成立以来的石油勘探实践所证实。

在埋头研究石油地质理论的同时,孙健初还冒着风险,保护他所掌握的全部石油地质资料和仪器设备,兰州一解放,就把它们完整地交给了党。1949 年 8 月,贺龙亲笔致书表彰他这一爱国行动,鼓励他为新中国石油工业建设贡献力量。中华人民共和国成立后,孙建初被任命为中央人民政府燃料工业部石油管理总局勘探处处长、西北财经委员会委员、中国地质工作计划委员会委员,并当选为中国科学院专门委员、兰州市第一届人民代表大会代表。孙建初以高度的工作热情投入到祖国建设之中,常常亲临西北各油矿和勘探工地,倾听工人意见,了解基层情况,具体指导工作。短短几年内,他领导绘制了《西北各重要油田地质图》《全国石油勘探方向图》,发表了《西北石油勘探计划》《中国各主要油田开发远景》等具有全国性指导意义的论文。在 1950 年召开的全国第一次石油工作会议上，毛泽东主席接见了他，对他为中国石油工业做出的贡献给予了高度评价。

从穷苦农家突围出来：苦难中的石油之花

黄河奔腾呼啸，从巴颜喀拉山自西向东一泻千里，流经河南省的封丘、长垣，然后进入孙健初的家乡——河南濮阳。濮阳有着悠久的文化历史，据史书记载，这里的千里沃野曾是颛顼和舜帝建国的都城，是中华文明重要的人文祖地。

孙健初的祖父孙光风是一个穷苦人家出身的农民，勤勤恳恳耕作经营，逐渐将家业做大。孙光风在拥有大量田产后，格外珍惜这种来之不易的生活，也能体会佃户、长工们的难处，对家里的佃户、长工们十分宽厚温和。孙光风不但自己不刁难佃户、长工，还教育家里的孩子们要尊重他们，在他的影响下，孙建初始终把自己视为农民队伍的一员，养成了他热爱土地的性格。孙光风经常向孙健初讲自己的经历，告诫他："无论做什么事，都要咬着牙干下去，绝不能半途而废。"孙健初在他的自传中这样写道："自幼由祖母抚养并随父亲在乡间读书，虽以读书为主，但农忙时期亦事操作，尚不怕劳动，后来略有吃苦精神，亦就是在这个时候养成的。"

据孙建初回忆，与很多为富不仁的地主相比，祖父孙光风十分富有正义感，从不欺负穷苦人家，关键时刻还敢为穷人撑腰。村民孙来庆是孙健初家的近门邻居，家里靠一位老奶奶拉扯着儿女们生活。另一个本家长辈心眼不好，在翻盖房子的时候私自扩大了院子，院墙把孙来庆家的出入通道给堵住了。受了这样的欺负，孙来庆家的老奶奶很是气愤，但因为势弱，只能忍气吞声。孙光风知道了这件事后便上门找那个本家质问，看孙光风动了真格，那个本家长辈赶紧向老奶奶赔不是，拆掉了那堵墙。这件事给孙建初留下了深刻的印象，久久不能忘怀。受祖父的熏陶，孙建初也养成了优良的品格和坚韧的个性。

在孙建初的工作生涯里，西北戈壁、东北草原、黄河上下、长江两岸，到处都留下他的足迹。正像他自己后来所说的："一切不顾，哪里有地质材料就往哪里跑。"饿了吃炒面，渴了喝山泉水，他的面颊被高山日光晒得黝黑，他的双手被干燥的山风吹出裂口。在那"一滴油一滴血"的战争年代，他冒着生命危险，骑着骆驼穿越戈壁荒漠。他曾因冻饿昏死过去，被蒙古族老大娘救活。驼铃声声，风雨如磐，国际友人哈莉特·韦勒高度赞扬孙先生："在极端困难的条件下，他竭力去发现油苗……他的确是一位科学英雄。"

孙健初鼓励年轻人热爱地质事业，鼓励大家为祖国而努力工作。他常常对大家说："你们来到玉门油矿为国家勘探油田、开发油田，常年工作在人烟稀少的荒山旷野、戈壁沙滩，这个意志是可钦佩的，但一定要热爱石油地质事业，在工作上矢志不渝,勤勤恳恳,努力学习,奋发忘我地工作,奋斗一生。天才出于勤奋,这样才有可能干出卓越的成绩。"孙健初谆谆的教诲,亲切的关怀,高尚的品格,让大家看到了他的一颗赤子之心,又看到他作为长者对年轻人的殷殷希望,这一切都影响着每个人的人生观和价值观。田在艺在回忆孙健初时说:"在我一生从事石油地质工作的道路上,孙先生永远是我的好老师,是我学习的楷模。"正是在孙健初的严格要求和人格感化下,跟随孙建初一起进行地质勘探工作的地质人员都养成了爱看书、爱学习、专心学术、严于律己的好习惯,他们中大部分人在日后都成了中国石油地质界的著名专家,为中国的石油地质事业做出了卓越贡献,中国的石油地质事业也因为他们而快速发展起来。

踏着父亲的足迹前行：从祁连到青藏的父子传承

　　1949 年兰州解放后,彭德怀和贺龙到石油探勘处大院看望孙健初,孙建初的儿子孙鸿烈对此印象深刻:"他们穿着军装,打着绑腿,很朴素。我们家属和职工正在院里练秧歌,刚要出发去庆祝解放,他们就进院了。在办公室和我父亲讲了一会儿,出来又对我们讲了几句话,大家热烈鼓掌。后来贺老总离开兰州西进时,还给我父亲亲笔写了一封信,用的是毛笔,竖排,字写得很漂亮。"敬爱的人民元帅亲自来探望他的父亲,幼小的孙鸿烈感受到了父亲工作的重要性和强烈的使命感。孙鸿烈后来说:"在那样艰苦的条件下,和父亲一道工作的这些知识分子们仍然坚持搞科学研究,整天谈的都是科学问题,那时我就觉得搞科研的人都很崇高。我就是这样在爱国敬业的知识分子圈子里接受熏陶长大的。"孙建初对科学事业的热爱、执着和奉献精神潜移默化地影响着孙鸿烈,在这样的家风熏陶下,年幼的孙鸿烈接棒了父亲"为国寻石油"的精神志向,坚定不移地选定了地理学家这一他认为的"最高尚的职业",在土壤农学的道路上逐渐成长。

1940 年,孙建初因工作变动接家人去了甘肃,一路上历尽艰辛,在离玉门油矿不远的酒泉安下了家。据孙鸿烈回忆,父亲忙于工作,但遇到学校放假会接他到矿上去玩。轻轻晃响的驼铃常常让孙鸿烈心旷神怡,大漠的辽阔和骑着骆驼漫步的自由也让他格外热爱土地。在父亲的谆谆教导和身体力行的示范下,孙鸿烈也格外注重实地考察。20 世纪 50 年代末,还在读研究生的孙鸿烈一步一个脚印地绘制出了东北第一张土壤图,在实地调查与数据对比中,孙鸿烈突破性地把东北地区的大片"黑土"从普遍使用的"黑钙土"概念中区分开来,从土壤与农业的层面为东北土地正名。这种来自实地考察的基本功和严谨的治学态度,为他进藏考察打下了坚实的基础。

1952 年,孙建初因煤气中毒意外去世,孙鸿烈悲痛欲绝,却更坚定地接过了父亲传下的接力棒。高耸矗立的孙建初纪念碑默默诉说着他的光辉事迹,孕育他的这片热土已成为举世闻名的石油城市，他曾经蓝图里的每一处矿藏标注，正在祖国大地上变成科学发展的财富源泉。孙鸿烈日以继夜地勤奋工作，进行农业自然资源及区域综合开发方面的研究，论述了可更新资源的整体性、多宜性、区域性与有限负荷等特性，强调将自然资源作为整体系统进行综合研究。20 世纪 70 年代起，孙鸿烈开始主持中国科学院青藏高原综合科学考察研究工作，数次入藏科考，在地理战线上为祖国鞠躬尽瘁。这是孙健初骆驼精神的缩影，是优良家风的传承。孙鸿烈务实重干，荣获国家自然科学一等奖与国家科技进步一等奖，任中国科学院副院长、自然资源综合考察委员会主任、国际科学联合会副主席、国际山地学会副主席、国际山地综合发展中心主席。

　　孙健初是过去的，孙鸿烈是现在的，还有更多的传承接续着未来。为中国石油事业献出毕生精力的不止孙健初一人，在地理领域苦苦探索的也不止孙鸿烈一个，只要他们爱国爱家的赤胆忠心代代传承，不朽贡献被长久铭记，我们就能接过民族复兴的责任重担，为祖国建设美好未来。

第五章

梁思成 ▶ 宽严相济，博精结合

无字史书寄国魂

　　梁思成（1901—1972），中国建筑学家，广东新会（今江门市新会区）人。他毕生致力于中国古代建筑的研究和保护，被誉为中国近代建筑之父。梁思成曾任中央研究院院士（1948年）、中国科学院哲学社会科学学部委员、人民英雄纪念碑兴建委员会设计处处长，参与了人民英雄纪念碑、中华人民共和国国徽等作品的设计。

　　对于梁思成的影响力，其学生郑孝燮在梁思成诞辰百年赋辞道："无字史书寄国魂，春风化雨百年深。体形环境有机论，凝固乐章中而新。"两院院士吴良镛教授在2001年4月版《梁思成全集》（九卷本）的前言中从五个方面定位了梁思成的学术贡献，其中有三个方面专门谈及遗产保护：梁思成是古建筑研究的先驱者之一,他是中国近代城市规划事业的推动者,他是中国历史文物保护的开创者。

对古建筑的调查研究,梁思成坚持测量力求细致,分析要有根据,绘图要严密的理念,主张进行细致的田野调查。在20世纪30至40年代期间,梁思成通过广泛的田野调查和深入的研究,构架了中国建筑史的研究体系。他说:"建筑是民族文化的结晶,更是一个民族文化的象征。"在战火纷飞的年代,他与林徽因等人耗时十余年,先后踏遍中国15个省200多个县,测绘和拍摄了两千多件唐、宋、辽、金、元、明、清各代保留下来的古建筑遗物,包括天津蓟州区辽代建筑独乐寺观音阁、宝坻辽代建筑广济寺等。他将考察结果写成文章发表,并成为日后注释《营造法式》和编写《中国建筑史》的基础。他秉持鼎新必先温故的理念,始终保持着高强度的研究工作,为中国建筑史学的研究贡献了力量。

梁思成一生深耕建筑行业,对中国建筑事业影响巨大。1963年,梁思成设计了扬州鉴真和尚纪念堂,建筑于1973年建成,1984年荣获中国优秀建筑设计一等奖。1988年8月,中华人民共和国国家科学技术委员会颁发证书,表彰梁思成教授和他所领导的集体在中国古代建筑理论及文物建筑保护的研究中做出的重要贡献,被国家科学技术委员会授予国家自然科学奖一等奖。梁思成先生曾于抗日战争烽火连天的环境中写成《中国建筑史》,汇集了营造学社同仁在社会动荡、物质资料匮乏、交通极其不便的条件下的测绘与研究之成果,是中国古代建筑研究的扛鼎之作。在完成这本书的撰写工作后，梁思成倾力于战后重建事业，创办了清华大学建筑系以培养建设人才，投身中华人民共和国首都的规划建设。1950 年他与陈占祥共同提出《关于中央人民政府行政中心区位置的建议》，史称"梁陈方案"，致力于文化遗产保护，倡导"中而新"建筑创作。

家学底蕴与远渡深造：能精于一而又博学

如果要用清楚明白的历史镜头还原一个真实立体的梁思成，最先应该了解的就是梁思成对于建筑的热爱，那是他专注一生的事业，他奋斗的经历也正是那个时代的建筑师和知识分子的历史缩影。理解了梁思成对于建筑的热爱，也就记住了他们以沉重代价换来的精神成果，也可以更加客观、更加深刻地体会过去及现在的中国建筑师、中国建筑界的拳拳之心。

梁思成出生于家风良好的书香门第，作为清末改革家梁启超之子，梁思成受到了良好的教育。他童年在日本的华侨学校就读，1915 年，年仅 14 岁的梁思成就在清华园里开启了 8 年的学习生涯。清华 8 年的读书生涯培养了梁思成节俭的生活作风，为他今后千里辗转、不被贫病交加的生活消磨生活意志打下了良好的铺垫。梁思成后来评价说："我很感谢母校对我的培养，那时学校在生活上对我们管得很严，清华有不少大官阔佬的子弟，但是不管家里寄多少钱来，都由斋务处掌管，学生花钱要记账，周末交斋务处检查，乱花钱不记账要记过的。但另一方面学校提倡各种社团活动，对培养学生的民主精神、对学生的全面发展很有好处，只是学制太长了些，我看不用 8 年，最多 5 年就够了。"这在不经意间迎合了梁启超先生对梁思成的期待，那就是培养子女的"寒士家风"。

　　1924 年，梁思成远渡重洋，赴美国费城的宾夕法尼亚大学学习。留学期间，他博览群书，深入研究建筑历史。1927 年，他以优异成绩获得建筑学硕士学位。1928 年，梁思成在回国之前，曾到欧洲参观了希腊、意大利、法国、西班牙等地的著名古建筑。他亲眼看到国外的古建筑受到妥善保护，许多学者在对它们进行专门的研究。而对比自己的国家，有着几千年文化传统的中华民族，祖先给我们留下了如此丰富的古建筑遗产，如今却是满目苍凉。珍贵的龙门石窟、敦煌壁画任意被盗卖、被抢劫，千年文物流落异邦，大批古建筑危立在风雨飘摇之中，只有少数外国学者对它们进行过一些考察，而国内学者反而无力从事研究，甚至中国人学习自己祖先的文化遗产都要依靠国外编著的书刊，这是多么令人痛心的状况。梁思成深深感到这是一种民族的耻辱，他怀着激昂的爱国热诚，奋然下定决心：中国人一定要研究自己的建筑，中国人一定要写出自己的建筑史。

　　从 1931 年起，梁思成将毕生精力投入到这项事业中去。他把近代的科学方法应用到研究中国古建筑上，明确提出：

"近代学者治学之道,首重证据,以实物为理论之后盾,俗谚所谓'百闻不如一见',适合科学方法。"他参与创办东北大学和清华大学两所学校的建筑系,誓要创立属于我们自己的建筑语言。他坚持研究古建筑首先必须进行实地调查测绘,绘图严密,分析有据,治学严谨。

梁思成在遗产保护方面也有独到的心得,深度关切子孙后代的未来。他认为,古建筑的修缮应当"修旧如旧",并参与了曲阜孔庙、故宫文渊阁、景山万春亭、杭州六和塔、南昌滕王阁等保护修缮工程方案。他以"古今兼顾、新旧两利"的原则,提出了把北京改造成新中国首都的一系列具有远见卓识的建议:北京应当是政治和文化中心,而不是工业中心;必须调控工业发展,因为它将导致交通堵塞、环境污染、人口剧增和住房短缺;严格保护紫禁城;在老城墙里面的建筑物要限制在两层和三层。这些建筑保护的思想流传至今,影响深远。

梁思成为中国现代化建设培养了大批建筑人才,形成了中国建筑教育的理念基础和基本训练体系。在长期的教育工作中,梁思成总是站在教学最前线,不管设计和行政工作有多繁忙,他都坚持亲自教课。他重视对学生专业基础知识的培养,除了讲授中外建筑史外,还经常给刚进大学的学生讲建筑概论,担任低年级的"建筑设计"课程。他知识渊博,善于用生动的语言和比喻向学生讲明建筑的意义和使命。在建筑系课程设置上,他有意识地加强专业课程与人文、社会科学的结合,强调"既有所专而又多能,能精于一而又博学;这是我们每个人在求学上应有的修养",倡导教育要走出"半个人"的世界。

诚笃进取与亦师亦友：温馨家庭与立身精神

梁思成能够成长为建筑领域广受尊崇的学者,得益于他的家风家教,而他又继承和丰富了这个家族的家教与家风,使之既有中国传统儒学做根基,又能得风气之先,融汇西方近现代科学、民主精神。这些都充分体现在他对子女的培养教育之中,孩子们不仅沿袭了父母的爱国思想和治学态度,而且保持了祖父梁启超提出的"爱国、务实、上进、勤俭"的家风。除此之外,梁思成和林徽因更是一对慈爱的父母,他们总是耐心地聆听孩子的感受,以平等的姿态引导孩子。

梁思成很少摆出严父的架子要求子女,而是以身作则地示范如何爱国、爱家、爱自己的事业。梁家姐弟从小就目睹了父母在家工作的内容和习惯,父母使用丁字尺和三角板画画,有时候也会给孩子一个三角板,让他们在一旁画画,耳濡目染之下,梁家姐弟也对建筑、文学也产生了极大的兴趣。梁思成亲自为孩子设计、打造儿童房所有的书桌书柜,教女儿折纸、画画,从真正的意义上给到了孩子珍贵的陪伴和快乐的童年。

据他们的女儿梁再冰晚年回忆,即使是在最为艰难的抗日战争时期,在逃亡的路上梁思成也会收集当地的地图教孩子认路,林徽因也会买日记本鼓励孩子们随意写作,除偶尔订正错别字、要求写清时间地点和重要事情外,从不干涉书写内容。在吃不饱穿不暖的条件下他们也没有放弃对孩子的精神教育,依然坚持给孩子们买书。梁思成还提醒女儿"最难为名父子",要牢记祖父梁启超的思想精髓是"自立自强",不要以名人之后自居,要一辈子做好自己。梁思成对于子女在困境当中如何保持乐观心态的教育在梁家姐弟的生命里面留下了不可磨灭的印记,梁再冰说:"我的老爸梁思成有着迷人的海一般的性格,表面上水波不惊,但在其海面下却深藏丰富内涵。"

抗日战争期间他们全家迁徙途中逗留长沙时,最令梁再冰印象深刻的是每一次与朋友聚会结束时,梁思成带领大家唱《义勇军进行曲》:"'歌咏队'中男女老少都有,父亲是'乐队指挥',他像当年指挥清华学堂学生军乐团一样认真……"

多年后,《义勇军进行曲》又出现在梁思成父女共同的生命中,1949年9月29日,在位于汉口的新华社四野总分社任编辑的梁再冰收到梁思成的一封信,信中讲述了他参加第一次政治协商会议的情景:"关于国歌之选定,张奚若伯伯同我可以自夸有不小的功劳,那是我首先提出的,同时也有许多人有那意思……有人主张改词,我认为不必……我的主张得以胜利通过。当晚散会之前,我们围着毛主席高声同唱第一次的'国歌',高兴兴奋无比。那是最可纪念的一步。"梁再冰回忆说:"我看到这里时,脑海中立即浮现出他在长沙指挥我们唱这首歌的情景，也不禁激动起来。"不仅仅是国歌，梁思成和林徽因当时都以极大的热情投入到国家的建设中。父母展现出的民族强烈的归属感和对于事业的热忱成了一枚种子，悄无声息地在梁再冰的心里发芽，最终长成影响一生的参天大树。

第四篇

工善其事

工欲善其事，必先利其器。

——《论语》

　　士农工商，是中国古代对"民"的四种身份与职业的划分。到了近代，所谓的"工"已经由传统的手工技术转变为民族工业。家国情怀和强国之梦是近代科学家普遍共有的精神，但这一点在民族工业科学家的身上尤为突出。无论是国防工业的强兵卫国，还是民用工业的国计民生，自强不息与追求民族复兴始终是他们生命的主旋律。他们的科学贡献，他们的人生历程，以及由之凝聚在子女教育当中的家风，都可称为"大国重器"。

　　责任使命，无私奉献，这是工业科学家在家庭教育中留给我们的宝贵财富。

第一章

侯德榜 ▶ 只要努力，泥土里也能长出惊世的花

中国重化学工业的开拓者

侯德榜（1890—1974），名启荣，字致本，福建福州人，中国工业化学家。他是侯氏制碱法的创始人，中国重化学工业的开拓者，近代化学工业的奠基人之一，可以说是世界制碱业的权威。

20世纪20年代，侯德榜突破氨碱法制碱技术的垄断，主持建成亚洲第一座纯碱厂，制造的中国"红三角"牌纯碱进入万国博览会并获得金质奖章；30年代，领导建成了中国第一座兼产合成氨、硝酸、硫酸和硫酸铵的联合企业；40到50年代，又发明了连续生产纯碱与氯化铵的联合制碱新工艺，以及碳化法合成氨流程制碳酸氢铵化肥新工艺，并使其在60年代实现了工业化和大面积推广。

侯德榜一生积极传播交流科学技术,培育了很多科技人才,为发展科学技术和化学工业做出了卓越贡献。在总结亲身实践的基础上,侯德榜用英文撰写了《纯碱制造》(*Manufacture of Soda*)一书,于 20 世纪 30 年代在纽约出版,在学术界和工业界产生了深远影响。光明网这样概括他的一生:"他冲破重重困难,通过'红三角'牌纯碱的制造让世人看到了中国工业的进步。他撰写的专著《纯碱制造》,打破了当时的技术垄断。他的'侯氏制碱法',诞生于国难深重,全民抗战的时刻,是对祖国和世界制碱技术发展做出的重大贡献,被称颂为'科技泰斗,士子楷模'。"侯德榜故居门前的北兴路被当地政府命名为德榜路,福州江滨公园也立起侯德榜的铜像,以纪念这位中国化学工业奠基者的重大贡献。

名响清华园,学成麻省院:从普通农家走出的科学大家

侯德榜 1890 年 8 月 9 日出生在福建省闽侯县的一个普通农家,得到姑妈的资助,13 岁到 16 岁的时候得以在福州英华书院学习。17 岁时,他曾到上海学习了两年铁路工程。毕业后,在当时正施工的津浦路上谋到了一份工作。1911 年,侯德榜放弃工作,考入北平清华留美预备学堂,以 10 门功课 1 000 分的优异成绩誉满清华园。

1913 年,清华学堂公布第一批高等毕业生名单,共有 16 人赴美留学,侯德榜被保送进美国麻省理工学院化工科。27 岁本科毕业,进入普拉特专科学院学习制革,次年获制革化学师文凭,又参与哥伦比亚大学研究院的制革研究,于 1919 年获得硕士学位。31 岁时,他成功取得博士学位,毕业论文《铁盐鞣革法》围绕铁盐的特性以大量数据深入论述了铁盐鞣制品易出现不耐温、粗糙、粒面发脆、易腐、易吸潮和起盐斑等缺点的主要原因和对策,很有创见。《美国制革化学师协会会刊》特予全文连载,成为制革界至今广为引用的经典文献之一。由于学习成绩优异,侯德榜被接纳为美国 Sigma Xi 科学会会员和美国 Phi Lambda Upsilon 化学会会员。

当时的制碱技术和市场被外国公司垄断,欧亚交通梗阻,碱价骤涨许多,我国所需纯碱全部依赖进口,许多以纯碱为原料的民族工业被卡脖子。就在他博士毕业这一年,受爱国实业家、化学家范旭东先生的邀请,侯德榜放弃了国外优厚的待遇和良好的工作条件,毅然回国应聘永利制碱公司工程师,发展民族制碱工业。1924 年,永利公司用重金买到一份"索尔维制碱法"的简略资料,侯德榜用这个办法第一次试制出的产品红黑色相间,质次量少。他没有气馁,继续埋头钻研、调试改装,1926 年重新开工试制,产品洁白精良,侯德榜称之为"纯碱",以志不同于"洋碱"。同年 8 月,以"红三角"命名的纯碱参加了在美国费城举办的万国博览会,荣获金质奖,并获得"中国近代工业进步的象征"的评语。在成功赢下狙击卜内门的价格战之后,永利真正打破了洋碱的垄断。在这个过程中,侯德榜凭借其突出贡献先后当选为中华化学工业会理事、常务理事,中国化学工程学会理事、理事长,中国化学会理事长,中国化工学会理事长,中国化工学会筹委会主任、理事长。

当时这一制碱法的技术还没有公开,侯德榜完全可以申请专利。但他认为他的技术属于全世界人民,应该造福于全人类,绝不能把科学技术作为谋求个人财富的工具。

1934年,公司任命侯德榜负责筹建一座新的南京铔厂,并让他出任厂长兼技师长(即总工程师)。三年后,这座重化工联合企业终于建成,一次试车便直接成功,顺利投产,技术上达到了当时的国际水平,给后来引进技术多快好省地建设工厂提供了良好经验。南京铔厂和永利碱厂的运作奠定了中国基本化学工业的基础,也培养出了一大批化工科技人才。1935年,中国工程学会把诞生以来的第一枚名誉金牌颁给了侯德榜。1937年,在侯德榜的长期努力下,工厂能够顺利生产的产品种类又新增了硫酸铵和硝酸,这标志着中国工程技术人员完全可以驾驭硫酸厂、氨厂、硫酸铵厂、硝酸厂的整体工程了。

硫酸铵生产还不到半年,七七事变爆发了。日本侵略军逐渐逼向南京,先后三次以"工厂安全"相要挟,提出"合作"管理南京铔厂的要求。侯德榜和同事们拒绝"合作",同时,积极响应抗战,利用工厂设施,转产硝酸铵炸药和地雷壳等物资,支援前线。1938年,范旭东与侯德榜冒着被日机轰炸的危险，安排技术骨干和老工人转移，把重要机件设备拆卸，分批船运入川，开始在后方重建化工基地。但当地深井中盐卤浓度低，苏尔维法的食盐转化率不高，制碱成本骤然提高，唯一的办法是重新摸索一条路子。1939 年，侯德榜率队赴德国考察，准备购买"察安法"的专利，对方却提出了辱国的条件。侯德榜中止谈判，自行离开，发愤研究新的制碱方法。在范旭东的支持下，侯德榜在香港、上海、纽约设实验室，同技师们合作，分析了 2 000 多个样品，进行了 500 多次实验，终于在1940 年成功研制出"联合制碱法"。这个新工艺极大提高了原料食盐利用率，达 95％以上，同时食盐中的氯制成了农业用的氮肥氯化铵。后来，他又带领一大批科研设计人员，经过艰苦卓绝的努力，于 1941 年研究出融合察安法，让制碱流程与合成氨流程融于一炉，联产纯碱与氯化铵化肥的新工艺。1943 年中国化学工程师学会年会讨论同意将新的联合制碱法命名为"侯氏制碱法"。由于新制碱法的成功，侯德榜成为国际性的大科学家，中国制碱化学工业一跃登上世界舞台。1955 年，侯德榜在北京被授予中科院院士。

勤能补拙，如饥似渴：生命不息、奋斗不止的家传家风

侯德榜曾说过："就天赋而论，我不算聪明，但我深知'勤

能补拙'这个道理,我一生之所以有些成就,除客观原因外,主观上要归于勤奋。"

由于家庭贫困,侯德榜在乡里只学了两年私塾便辍学回家,帮着父母在田间干活,可以说学习条件极为艰苦。但他从不畏难,好学不倦。一次,祖父侯昌霖远远望见他趴在村外的水车上车水,双肘往横木上一撑,脚下踩着水轮,一边车水,一边自学从姑妈家借来的《古文观止》。经年累月,侯德榜的双肘都在农具上磨出了茧子,"挂车攻读"的故事也从此传为佳话。

可是乡间的书还是太少了,小德榜如饥似渴地找书读。一年夏天,他到姑妈的家里去玩,姑妈叫他到小楼里去找一件东西,他上去了好久都没有下来。姑妈上楼一看,才发现是小德榜在那里发现了几箱书,正在非常兴奋地阅读。从此以后,他经常找借口到姑妈家去,到楼上看书,一待就是半天。后来,姑妈也发现了侯德榜每次拜访的真实意图,以至于每次看到他去,都会笑着说:"哎哟,书耗子又来了,快去楼上啃书吧。"就这样,在姑妈的家里,侯德榜抓住机会,极大地扩充了自己的阅读面,学习了许多新知识。他对读书的兴趣更大了。

在祖父的鼓励和姑妈的资助下,侯德榜考进了当时美国人在福州开办的教会中学英华书院学习。这所书院的教学设备和馆藏图书都是福州学校里最好的。此后他考入当时的清华留美预备学堂,很快取得了10门功课1000分的惊人成绩,也因此成为学校里最出名的人。两年后,他又远渡重洋,到美国著名的麻省理工学院化学系攻读。对于一个贫困的农民家庭的孩子来说,能一步步走到这个位置,付出的努力是常人难以想象的。

即便到了成家立业的年纪,他对自己和子女的要求也从未放宽。侯德榜曾多次对家人说:"人活着就应该工作,没有工作就是废人。"虽然位居厂长,但只要生产一出问题,第一个装锅炉查问题的就是他。1949 年后为考察化肥使用情况,他四处视察,最后跑不动了,就在家里开会研讨。"就在去世前几天,祖父依然不停地写写算算做微积分。"直至去世前几个月,重病缠身、84 岁高龄的侯德榜还向化工部党组打报告,要求到大连化工厂调查研究、解决问题。在干涸的土地用勤奋浇灌花朵,可以说是侯德榜一生的写照。

侯德榜生活俭朴,不沾烟、酒、茶,东西总是物尽其用,从不轻易丢弃,身上穿的衣服经常打着补丁,外衣里面的衣服甚至尽是破洞。据他的家人回忆:"他甚至能把毛裤贴着肉穿。问起来他只是笑笑,说:'我的皮肤不像你们那么细,我的皮肤粗。'"妻子张淑春每次去看望他,第一件事就是为他一层一层地缝补衣服。他用非常严格的标准管教几个子女,不允许孩子乱花钱,告诫他们一定要珍惜粮食。小孙女吃饭掉在桌上的饭粒,他一粒一粒地捡起来吃掉,还要检查饭碗,看她是否吃干净。为了节约生活开支,侯德榜和家人通常都吃得很清淡,每天有一顿饭必是面条,配菜甚至只有便宜的雪里蕻,没有其他任何酱料。

他在学术研究方面的慷慨却和简朴的物质生活形成了鲜明对照。早在 1933 年,他就将制碱方法公开出版为《纯碱制造》,放弃申请个人专利谋取财富。不仅如此,1958 年底,他还结合中国国情和后续的制碱实践,对《纯碱制造》进行了重要的补充和修改,完成了一部 80 万字的中文巨著,可以说是他从事制碱工业数十年的实践结晶。他把该书近 2 万元的稿酬全部作为党费交给了组织,并表示要在有生余年继续为社会主义建设做贡献。

1974 年 8 月 26 日,侯德榜因患白血病和脑出血于北京逝世。在病重期间,他曾用颤抖的手写信给周恩来总理,信中写道:"德榜体弱多病,恐不久于人世,对党和国家的栽培,无以图报,愿在百年之后,将家中珍藏的书籍捐献给国家。"根据遗愿,他的 100 多册书籍捐赠给了北京图书馆,500 多册赠给化工学院,生平勤俭节约留下的钱与住房如数捐赠给化学工会,用来发展化工事业和购买科技书籍。

值得一提的是,侯德榜的侄子侯虞钧也是中国科学院院士。他接过了伯父的接力棒,在化学领域传承了侯门的声音。由于祖父和二伯父的离世,侯虞钧从小就和这位唯一的伯父格外亲近,6 岁就跟着侯德榜一同到北方上学。受伯父的熏陶,年幼的侯虞钧也在心中悄悄埋下了一颗学习化工的种子。"中国在科技上不能受外国的控制,中国人一定要长自己的志气!"在侯德榜这样的教导下,侯虞钧年少立志,怀着一定要发展民族科学的强烈愿望,以数学第一名的成绩被浙江大学化工专业录取。为了将专业知识和研究方向同祖国的发展需要紧密联系起来，他决心留学美国，接受该领域最前沿的科学教育。

1946年侯虞钧进入美国威斯康星大学学习，并于次年获得化学工程硕士学位。当时，侯德榜运营的永利制碱厂在纽约有个办事处，侯虞钧在放假时就会去那里看望他。侯德榜建议他："一个学化工的科技人员，除了学习理论知识以外，一定要加强实践技能的训练。"于是已经硕士毕业的他又转入美国麻省理工学院化工实践学校学习，并在1949年12月获得了第二个硕士学位——化工实践硕士学位。1951年的夏季，侯虞均刚刚通过密歇根大学博士研究生的资格考试，准备利用这个暑假打一些科研零工，就此结识了来自密西根大学的马丁教授，正是二人联手，诞生了国际上享有盛誉的马丁-侯状态方程。

此外，他还长期关注家乡的化工建设，几乎每次写信给时任福建省化工厅总工程师的胞弟侯敬思，都对福建如何上马化工厂及生产中应注意的问题提出具体指导方法。在弥留之际，他还始终惦记着要在福建办一座碱厂，为家乡人民生产价廉物美的纯碱。

2011年闽侯三中的旗山院士文化广场开放，广场两侧陈列了七名闽南籍院士的人物雕像。广场屹立着侯德榜的塑像，在他的身侧是他的侄子侯虞钧，他身着朴素的中山装，拿着一本厚厚的书籍，戴着黑框眼镜，含笑地望着前方。侯德榜曾说:"我一向是怀着生命不息、奋斗不止的纯真感情,追逐着一切能够发挥自己作用的机会,坚持从我做起,从点滴做起。"斯人已去,声犹在耳。想必他看到侄子在国家化工事业上的发展,内心也是非常欣慰的。

第二章

王淦昌 ▶ 科学没有国界，但科学家有祖国

"两弹一星"功勋科学家

王淦昌（1907—1998），出生于江苏常熟，毕业于德国柏林大学，中国物理学家，中国科学院院士，曾任中国科学院近代物理研究所副所长，苏联杜布纳联合原子核研究所副所长，中国工程物理研究院副院长，中国原子能科学研究院院长，第二机械工业部九院副院长、二机部副部长兼原子能研究所所长，中国科学技术协会副主席，中国核学会理事长，九三学社中央参议委员会主任、九三学社中央名誉主席，第三、四、五、六届全国人民代表大会常委会委员等职务。

1934 年 4 月，王淦昌回国，先后在山东大学、浙江大学物理系任教授。在这一时期，王淦昌培养出一批优秀的青年物理学家，桃李满天下，华裔科学家李政道就是他的弟子。在国

防科研领域,他言传身教,影响和造就了一大批人才,周光召、邓稼先、于敏、陈能宽、程开甲、杜祥琬、胡仁宇、胡思得、唐孝威、吕敏、丁大钊、王乃彦、贺贤土都曾接受王淦昌的直接指导。

1941年,王淦昌在《关于探测中微子的一个建议》的论文中提出,通过轻原子核俘获 K 壳层电子释放中微子时产生的反冲中微子的创造性实验方法。1942 年 1 月,美国《物理评论》发表了这篇论文,此项成果荣获第二届范旭东先生纪念奖。之后,美国核物理学家艾伦根据王淦昌的方法,成功完成了证实中微子存在的实验,国际物理学界将该实验命名为“王淦昌－艾伦实验”。发现中微子后,王淦昌还着手寻找宇宙线粒子,并于 1943 年写下《关于宇宙线粒子的一种新实验方法》,后来英国物理学家鲍威尔用此法发现了 π 介子,并获得1950 年诺贝尔物理学奖。

20 世纪 50 年代,王淦昌领导建立了云南落雪山宇宙线实验站,使中国的宇宙线研究进入国际先进行列。在杜布纳联合原子核研究所,他领导的研究小组发现了反西格马负超子。60 年代,王淦昌提出激光惯性约束核聚变的设想并获得实验证明。随后,王淦昌在中国第一颗原子弹和第一颗氢弹的研制中做出了突出贡献,1982 年获两项国家自然科学奖一等奖,1985 年获两项国家科技进步奖特等奖,1994 年获首届何梁何利基金科学与技术成就奖,1999 年被国家追授“两弹一星”功勋奖章,功勋卓著,名垂青史。

此外，王淦昌还非常关心中国高科技事业的发展。1986年3月，王淦昌与王大珩、陈芳允、杨嘉墀联合向中央提出《关于跟踪研究外国战略性高技术发展的建议》，建议发展对国家未来经济和社会有重大影响的生物、航天、信息、激光、自动化、能源和新材料等高技术，力求缩小中国与先进国家间科技水平的差距，在有优势的高技术领域创新，解决国民经济急需的重大科技问题，由此催生了举世瞩目的战略性高科技发展计划——"863"计划（国家高技术研究发展计划），为中国高技术发展开创了新局面。

读书、成就与爱国：隐姓埋名人，惊天动地事

王淦昌1907年出生于江苏常熟。他尚未成年时父母均已去世，是兄长与外婆等人将他抚养成人。外婆虽不识字，但通情达理，王淦昌回忆："外婆常对我说，你要像岳飞那样，胸怀大志，精忠报国。外婆的话我一直记在心里。"父母双亡后，家中经济状况大不如前，但重视教育的家人还是将王淦昌送去上海浦东中学读书。大哥王舜昌叮嘱他："目前家境不好，你在外面读书，一要节俭，不要乱花钱；二要用功读书。"家人的谆谆教诲让王淦昌养成了爱读书爱钻研的性格和以身报国的赤子丹心。在德国柏林大学读书期间，有人曾劝他："科学

是没有国界的,中国很落后,没有你需要的科研条件,何必回去呢?"他答道:"科学没有国界,但是科学家有祖国。我的祖国正在遭受苦难,我要回到祖国去,为她服务!"秉持着这样的觉悟,1934 年,他毅然选择回到祖国。

1936 年,王淦昌受竺可桢校长邀请到浙江大学物理系任教,成为学校最年轻的教授,也因此被称为"娃娃教授"。此后14 年间,他与浙江大学一同经历了那段颠沛流离的西迁岁月,也与浙江大学缔结了一段不朽的"求是缘"。在教育方面,王淦昌是一名尽职尽责的好老师。王淦昌曾对学生们这样说道:"物理是一门很美的科学,大到宇宙,小到基本粒子,都是研究对象,寻求其中的规律是十分有趣的事,你们选择了一个很好的专业。"他还十分关心学生生活,在那段战火纷飞的纷乱岁月,王淦昌常常邀请学生到他家中,请夫人为他们烹调家乡菜,让学生们即使远走他乡也能感受到家的温暖。

1961 年,王淦昌接到第二机械工业部部长刘杰约见的通知,刚刚从苏联回北京的王淦昌面临人生的重大抉择:中央希望回国的他放弃自己的研究方向,参加不熟悉但是国家迫切需要的核武器研究。回国之前,王淦昌和他的小组发现了世界上第一个反西格玛负超子,这个发现想获得诺贝尔奖只是时间的问题,而一旦投身核武器研究,就意味着从此要告别基本粒子研究工作,和诺贝尔奖渐行渐远。对此,王淦昌没有迟疑,当即写下了"王京"两个字,并掷地有声地说:"我愿以身许国。"这意味着,在今后的若干年里,王淦昌将隐姓埋名,不能在世界学术领域抛头露面，更不能按照自己的兴趣进行科学探索。但王淦昌明白，中国不能没有原子弹。

从此以后，王淦昌如同人间蒸发一般，在中国科学界消失了整整 17 年，取而代之的，是名单上那个不起眼的"王京"。17 年来，王淦昌深入一线试验现场，战斗在茫茫戈壁荒原。青海金银滩平均海拔 3 100 米，年平均气温在零摄氏度以下，风沙大，高寒缺氧，霜冻期长，王淦昌先生作为最年长的科学家，和大家一样经受头晕目眩、心悸、不思饮食的高原反应，却丝毫没有怨言，时刻保持精神饱满的状态工作，指导解决了一系列重大关键技术问题，为我国原子弹、氢弹的研制做出了重大贡献。1964 年，罗布泊上空的一声巨响，标志着我国自主设计制造的第一颗原子弹爆炸成功，震撼了整个世界。

1978 年，王淦昌调回北京任核工业部副部长兼原子能研究所所长。这时，人们才知道，核武器研究基地那个沉默寡言的"王京"就是王淦昌！同年，获准公开身份的王淦昌如愿加入了中国共产党。2003 年，国际小行星命名委员会把一颗永久编号为 14558 的小行星命名为"王淦昌星"。因为深知自己在科研中的重要性，用化名秘密工作的 17 年间，王淦昌不曾和任何人透露任何相关事宜，就连他的妻子儿女也对他的事业一无所知。国与家如果可以用数学分子式来表示，王淦昌把国放在分子位置上，把家放在分母位置上，为国倾注全部心血与才智，从而把自己的人生价值提高到最大值，让自己的人生熠熠生辉。

言传与身教：藏在心灵深处的亲子爱

　　王淦昌与妻子吴月琴育有五名子女。孩子们童年时觉得爸爸很严厉，如果谁没有完成当天的作业，就会受到批评，但成年后都理解了父亲，二女儿王韫明在王淦昌去世 19 年后这样谈起父亲："他常用对自己的要求来要求我们，现在想来，'严'何尝不是爱!"王淦昌的"严"让他们很小就懂得了努力，很早就能自立，为以后的学业打下了坚实的基础。父亲把大爱献给了事业和国家，但却依然记得和家人们的温情。王韫明回忆一次在火车上的经历：王淦昌撩起长袍用体温焐她冻得发麻的双脚。虽然王淦昌已经离开了二十余年，但在王淦昌家人心中，他仿佛从未远去，仍在不为他们所知的地方孜孜以求、潜心研究，做着他永远做不完的实验，走着他曲折又艰辛的寻求科学真理的探索之路。

　　据王淦昌的儿女回忆，内战期间民怨沸腾，国民党政府大厦将倾，许多达官贵人或迁往中国台湾，或移居海外，此时正在美国进行研究和考察的父亲却逆向而行，毅然回到祖国、回到了家人身边。本以为是团聚的结局，却没想到是聚少离多的开始。整整 17 年，王淦昌的家人不知道父亲究竟在哪里，在干什么工作。在这期间，他们从报纸上知道了我国第一颗原子弹、第一颗氢弹先后爆炸成功，在震天的锣鼓声中，他们和人们一起欢庆，却没想到是父亲在殚精竭虑、奉献才智。王淦昌的八十寿辰给子女留下了深刻的印象，当时，钱学森、钱三强等学者都来了，李政道也特地从美国赶来，想为他贺寿。然而王淦昌却说，最好的贺礼是做出学术成果。生日当天，在北京科学会堂里，核工业部部长蒋心雄简单致辞后，就由中科院上海光机所邓锡铭等人做学术报告。"最后我父亲说：'我向大家汇报最近一个时期，我和一些同志开展准分子激光研究工作的情况。'然后，打开投影仪就开讲。这样的贺寿活动也挺少见的。"王韫明回忆道。

漫漫而修远的科学道路上，王淦昌对自己近乎苛刻，即使到了晚年，仍然在读书、翻阅资料。王淦昌常常教育儿女："钱够花就行了，应当把它们用到更需要的地方去"。他把"够花"的标准定得很低，在穿着上从不讲究，生活十分俭朴，一把破藤椅不知道坐了多少年，却不舍得丢掉……而当把钱"用到更需要的地方去"时，王淦昌给儿女留下的印象则十分慷慨。据王淦昌的儿女回忆，王淦昌一辈子所得的奖金累积起来是一笔相当可观的数目，但他没有把钱留作己用，也没有用在儿女身上。他首次获得奖金数目较大的奖项是1947年的范旭东奖金，他把1000美元奖金悉数分给了老师、同事和生活上有困难的学生。王淦昌生前最后获得的是何梁何利基金科学与技术成就奖，按照王淦昌的遗嘱，他的儿女把其中50万元设立成了"王淦昌物理奖"，以奖励在物理领域做出突出贡献的研究人员，另10万元捐赠给故乡中学，激励故乡莘莘学子奋发努力,成为有用人才,了却王淦昌几十年的思乡情愫。

　　身教胜于言传,对于一名立志以身许国、早已放下个人得失的科学家来说,平衡工作与家庭,或许是一个美好却难以实现的愿望,但他那勤奋严谨、赤忱报国的精神,不仅感染了身边的学生、同事与工作人员,也让家人耳濡目染,深受教益。王淦昌的家国情怀终是融入了他子孙的血脉。2013年,经过王淦昌五个儿女的郑重商量,在国与家这两个字位置的摆放上,他们做出了与父亲同样的选择,一致同意把传家宝——"两弹一星"功勋奖章捐赠给浙江大学,以激励更多有志青年"献身科学,报效祖国",继承并完成老一辈科学家未竟事业。

　　王淦昌的孙儿王世华在回忆文章中道:"您知道吗?您和同事们一起创造的'两弹一星'精神,已经成为我们的宝贵精神财富,激励了一代代科技工作者不断开拓奋进。您在世时常对我说:'一定要好好读书,将来好报效祖国。'我一直谨记您的叮嘱。"王淦昌以身许国的爱国精神、以科学为生命的理念、严谨务实的工作作风、朴实善良的处事态度,深深影响和激励着他的儿女,他的优秀品质与他们家的优良家风代代传承。在王淦昌百年诞辰时,大女儿王慧明夫妇与二女儿王韫明夫妇共同创作了一组纪念诗,其中一首写道:"德高望重寓一身,活在人心即永生。太空淦星千秋照,俯瞰神州万象新。"

第三章

束星北 ▶ 但愿中华民族振，敢辞羸病卧黄昏

中国雷达之父

束星北(1907—1983)，中国理论物理学家，被誉为"中国雷达之父"，中国早期从事量子力学和相对论研究的物理学家之一，是中国第一枚洲际导弹轨道的计算者，后转向气象科学研究，晚年为开创中国海洋物理研究做出了贡献。

1926 年，束星北就读于美国贝克大学物理系，曾参与举世闻名的狄拉克方程研究，1928 年进入英国爱丁堡大学就读，成为惠特克和达尔文两位大师的门生，获得了爱丁堡大学硕士学位。1930 年 9 月，束星北进入麻省理工学院学习，师从 D. J. 思特罗克教授。除师从这些国际知名专家学者外，束星北还曾是世界著名科学家爱因斯坦唯一华裔的研究助手，深受杰出物理权威玻尔的盛赞与赏识。1931 年，束星北获麻省理工学院硕士学位。

学成后束星北归国工作,投笔从戎,受聘于南京中央军官学校,任物理教官。1941年,束星北成功地推导了谐振子、氢原子和类氢原子基态的能级,结果刊登于英国《哲学杂志》。1944年,为抗击日军侵华,他主持雷达研制,领导研制成功中国首部雷达,被授予"抗战英雄"称号。中华人民共和国成立后,束星北参与了我国首枚洲际弹道导弹试验等重大科研国防活动。1952年,因院系调整,束星北到青岛山东大学物理系任教授,并转向大气动力学研究。作为一位毕生致力于我国科学教育事业人才培养的优秀教师,束星北桃李遍天下,有李政道、程开甲、吴健雄等一批享誉全球学界的出色学生。

1981年起,束星北先后当选为山东省和青岛市物理学会名誉理事长,中国海洋物理学会副理事长、名誉理事长,中国人民政治协商会议山东省第五届委员会委员。束星北在海洋局任教时,为追赶世界先进水平,开办了海洋动力学进修班,培养了28名学员,并开展了以实测为基础的海洋内波研究,取得了重大成绩。束星北培养的这些学员后都成了国家海洋研究的支柱力量,在海洋学研究中做出了重大贡献。

世代望族的家风传承:成就自我与无私奉献

1907年10月1日,束星北出生于江苏省江都县(今江苏省扬州市广陵区），他的曾祖、祖父、父亲都是头桥镇安帖村历史上著名的"开沙望族"。从束星北的曾祖父束履华起，束家在故乡头桥世居百年，留下了大批束氏遗迹。

束星北的祖父是富商束增煦，束增煦曾为自己的儿女亲家、头桥严氏的族谱作过赞文，并被载于《头桥镇志》之中。束增煦与晚清状元张謇生前系至交，二人曾共同在晚清淮军提督庐江吴长庆幕府共事多年。束增煦去世后，梁启超曾亲笔题其像赞。束星北的父亲束曰璐，曾任晚清参领和民国全国水利局的主事。束曰璐重视教育，弘扬二十条《束氏家训》，除长子束星北成为"中国雷达之父"外，二子束佺保后来成为台湾显宦，束曰璐的外甥是上海纺织工学院的严仲简教授，后来也被束曰璐培养成为我国第一代纺织人才。

束家家风严谨，提倡无私奉献，以小家为大家。1931年，老家头桥发生江洲大水灾，束曰璐与束曰琯等头桥名士在全乡各地组织开展捐款赈灾工作，载家乡史册，受乡民敬仰。据束星北孙女束婷娜女士所述，束家人曾为故乡头桥购回了当年民国时代尚属新鲜事物的柴油动力抽水机，使家乡头桥在民国时代便走在农业机械化的前列。与此同时，由于旧时头桥民居多为易燃的土木建筑，束家常捐资为家乡购置"水吸器"和帆布带"手捺锡质龙"等，极大地保障了家乡的消防安全。

束家老一辈人都曾有过从军经历，他们给后人留下的最大精神遗产就是保家爱国的忠义祖风。《束氏家训》中有一条便是"共御外侮,匹夫有责",束星北从小便受其耳濡目染。在抗日战争之初,束星北在头桥老家门前的安帖四圩束家大场上,亲眼看见日军飞机的横冲直撞,日本人耀武扬威的侵略使束星北出离愤怒。据束星北的长孙束嵘回忆,在当时,祖父带着身边的头桥儿童,去他童年读书的安帖魏氏私塾,教育大家要抗战爱国的道理,为家乡播下了爱国主义的种子。1978年束星北被青岛海洋局第一海洋研究所聘为研究员后,束星北自感年事已高,便把主要精力放到培养人才上,他认为人自强才能强国,还对子女定下了"外出学习必须学成回国"的家训。1981年10月1日国庆,束星北写下了《无题》:

半生流浪半生沉,
老态龙钟始遇春。
但愿中华民族振,
敢辞羸病卧黄昏。

束星北自年少踏上漫长出国求学之路,一生都在为寻求真理真知而上下求索。"两弹一星"元勋程开甲曾深情回忆自己的研究生导师束星北道:"像他这样集才华、天赋、激情于一身的教育家、科学家,在中国科学界是罕见的。他的物理学修养,和对其内涵理解的深度,国内外少有。"一腔热血勤珍重,洒去犹能化碧涛,直到如今,头桥镇上的名人园及安帖渭璜园内仍以"共御外侮"为题,把束星北的家风事迹和祖训铭记在名人墙及名人展牌上,将好的家风代代相传,无限发扬。

人生低谷中的教子深情

束星北是一个刚正不阿、脾气纯粹的人,这在学术方面表现得更为明显。他常常因为学术问题,不分场合、不计后果地跟人争论,有时甚至到面红耳赤也不罢休的程度。束星北讲课深入浅出,不照搬讲义或书籍,常常令听众有拨云见日之感,挚友王淦昌回忆起他时说:"束星北讲课既不用课本,也不写讲义。常常是结合日常生活中所遇到的事物,深入浅出讲解新概念、原理等。讲得非常透彻,这一点我是无论如何也学不来的"。

在艰苦的岁月里,束星北坚信真正的知识是时间所不能湮没的,他全力指导长子束越新研究颜色光学这一边缘物理学科,纵然命运跌宕,依然没有放弃知识的力量。束星北教束越新物理、英语和德语,两个人全神贯注地研究学问,写出了《颜色光学》一书。改革开放后,束越新创立了颜色光学研究所并担任颜色光学学会会长。小女儿束美新回忆起父亲时道,1971年时,她去看望父亲,扫雪的束星北竟在雪地中用木棍或枝条写满了数学公式和运算符号,用大扫帚当"黑板擦"。父亲对知识重视如此,带给了她深刻的震动和深远的影响。

在上学时,束星北不提倡让孩子们按部就班地做作业,他对于完成度常常十分宽容,认为懂了的题目可以不做,要紧的是做不懂的和似懂非懂的题,不提倡做重复性的工作。束星北几乎不过问孩子们的学习成绩,他认为以成绩划分孩子们的学习能力太过表面和单一,他是希望孩子们多动脑,增强理解能力,做一道题能用几种不同的方式得到答案。回忆起父亲的教育方法,束美新感慨万千,笑称父亲总是能三言两语就说清楚她的疑惑,而更多的时候都是让他们自己独立思考。

束星北不慕名利,不爱钱财,在生前便告诉孩子们他不会为他们留下什么财产,贤而多财,益损其志,愚而多财,益增其过。不仅如此,在 1974 年春节除夕聚餐中,束星北还向全家人郑重提出,他死后要将遗体捐赠给青岛医学院。原来,他在打扫卫生时,看到医学院的尸体标本奇缺,随即与解剖学家沈福彭教授约定,去世后将遗体捐赠给医学院作医学研究。据小女儿束美新回忆,束星北患有哮喘病,常年喷吸一种叫肾上腺素的药物,医学上讲此药会损坏心脏,而他用了多年,心脏却没有发现问题,因此希望死后解剖遗体,验证肾上腺素对心脏是否有害,也算不枉在医学院工作这么多年。拳拳奉献情,赤赤爱国心,不外乎如此。

第四章

钱学森 ▶ 立星辰大海之志，创两弹一星之功

中国航天事业的奠基人

　　钱学森（1911—2009），出生于上海，祖籍浙江杭州，中国应用力学家、航天工程专家、系统工程学家，中国航天事业的奠基人，中国科学院、中国工程院院士，中国人民政治协商会议第六、七、八届全国委员会副主席，"两弹一星"功勋奖章获得者。

　　钱学森12岁进入北京师范大学附属中学，18岁考入国立交通大学机械工程系，大学毕业后又考取清华大学的公费留学生，进入美国麻省理工学院航空系学习。在世界著名力学家冯·卡门教授的指导下，从事航空工程理论和应用力学的学习研究，并先后获航空工程硕士学位，航空、数学博士学位。

　　毕业后至1955年，钱学森在美国从事研究和教学工作，

他的研究覆盖空气动力学、固体力学和火箭、导弹等领域,都获得了很高的成就。

在美国学习和工作期间,钱学森始终心系祖国,密切关注国内局势变化,决心早日学成报效祖国。得知新中国成立后,他回国的心情更加急切,1950 年夏,为返回祖国,他向加州理工学院提出回国探亲,但临行前被以莫须有的罪名拘捕,遭受无理羁留达 5 年之久。1955 年,在钱学森的坚持和各方的努力下,他终于得以离美返回中国。

回国之后,钱学森立即为筹建中国科学院力学研究所开展工作,积极投入研究工作。当时国内的科研条件差,学科基础十分薄弱,国家建设又亟需技术和人才,钱学森一边用自己在国外的经验着手搭建学科体系,培养、指导青年人才,一边作为科学技术顾问随聂荣臻赴苏联访问,为中苏《国防新技术协定》的顺利签订做了大量卓有成效的工作。

1959 年 11 月 12 日,钱学森正式成为一名中国共产党党员。1960 年 2 月,由他指导设计的中国第一枚液体探空火箭发射成功,同年 11 月,他协助聂荣臻成功组织了中国第一枚近程地对地战术导弹发射试验。1965 年,他主持制定了《地地导弹发展规划》,1966 年又作为技术总负责人,协助聂荣臻组织实施了中国首次导弹与原子弹"两弹结合"试验,将国防现代化建设向前推进了一大步。1970 年,钱学森牵头组织实施了中国第一颗人造地球卫星发射任务,这是中国科技发展史上一座重要的里程碑。

1970 至 1987 年间，钱学森全身心投入国防科学技术领导工作，参与组织实施中国导弹航天技术领域重大型号研制和发射试验，并开始从更高层次思考其他领域诸多重大科学和技术问题，提出了许多创新、超前的思想。期间，他参与了运载火箭和洲际导弹的研制工作，领导设计并制造了中国第一艘核动力潜艇、中国第一颗返回式卫星，组织启动了远洋测量船基地建设工程，提出了建立导弹航天测控网概念……填补了国内多个科技领域的空白，并极大地推动了航空航天、国防军工等领域地发展，更是为这些领域的未来指明方向，擘画了宏伟蓝图。

钱学森回国几十载，在他的领导下，中国诞生了许许多多个"第一次"的科研成就，这些成果不仅是国内科学技术的经验基石，更是中国能在国际社会上拥有话语权、得以和平发展数十年的有力保障之一。

1991 年 10 月钱学森被国务院、中央军事委员会授予"国家杰出贡献科学家"荣誉称号，被中央军事委员会授予一级英雄模范奖章，1999 年 9 月被党中央、国务院、中央军事委员会授予"两弹一星"功勋奖章。此外，钱学森还获得过年度中国科学院自然科学奖、国家科技进步奖特等奖等奖项，以及国内外的各项荣誉称号，这些都彰显了钱老为实现中国国防尖端技术和航空航天技术的新突破所建立的卓越功勋。

从故乡到彼岸到归来：怀揣征服宇宙的梦想

"你在一个清朗的夏夜，望着繁密的闪闪群星，有一种可望而不可即的失望吧。我们真的如此可怜吗？不，决不！我们必须征服宇宙。"

这些激情飞扬的文字，是年仅 24 岁的钱学森写下的。征服宇宙的梦想执着地在他的心中萌芽、生长、壮大，将它的枝蔓伸向浩渺的天空。自那时起，钱学森的梦想就和一个国家、一个民族的梦想紧密联系在了一起，这个国家叫中国，这个民族是饱受苦难又浴火重生的中华民族。

当中国自主研发的火箭冉冉升空，导弹冲上云霄时，当中国的宇航员乘坐我们自己的飞船去往太空，出舱漫步时，中华儿女走出百年苦难，扬眉吐气，走向民族振兴，这一切都和钱学森当年征服宇宙的雄心壮志有着密不可分的关联。

作为享誉海内外的杰出科学家，中国航天事业的奠基人，钱学森诞生的 1911 年，正是辛亥革命爆发之年。之后，各种新思想传入中国，爱国、民主、科学、进步的观念开始生根发芽，沉睡的民族终于被渐渐唤醒。受到家里和社会中爱国情绪的熏陶，钱学森从小就立志学好本领，报效祖国。

在美国的 20 多年里，钱学森发表论文 51 篇，包括《高速气动力学问题的研究》《高速气流突变之测定》等专论，其科研成绩享誉国际。他本可以一直留在美国，拿着高薪担任教职，但在得知中华人民共和国成立后，他立即处理好手头的研究和教学工作，申请回国探亲。然而，美国不可能放任这样的一位天才科学家回到中国，建设社会主义新中国，于是他们先是威逼利诱，被钱学森拒绝后又强行软禁、监视他长达 5 年之久。1955 年，经过他的不懈努力和中方的协调，他才终于得以回到祖国的怀抱。

　　回国之后，面对处处是空白的国内科研现状和极其简陋的科研条件，钱学森没有失望，而是积极投入，不仅在他擅长的航天领域深耕，还利用相关的经验和知识，领导我国的导弹设计制造研究。

　　钱学森拥有扎实的学科基础和大量的实践经验，深入学习过美国相关学科体系的他更是极具前瞻性。他不仅看到了航天事业和国防事业的联系，还发展了系统学和开放的复杂巨系统的方法论，在 20 世纪 80 年代初期提出国民经济建设总体设计部的概念，坚持致力于将航天系统工程概念推广应用到整个国家和国民经济建设上，并从社会形态和开放复杂巨系统的高度论述了社会系统。

　　截至 2009 年，钱学森共发表了 500 余篇论文，其中 400 多篇都是归国之后写就。他的科研成果除了大量的理论专著外，还有实体的导弹、火箭。然而，钱学森对中国科研事业的贡献更加伟大，是惠及百年的。他研究出的"钱学森弹道"极大地缩短了当时的中国在航空事业与导弹研发上与美国的差距,让我们得以突破欧美的技术封锁,快速拥有了自主研发的多款导弹,让美国对我国的军事力量有所忌惮,为中国的和平发展提供了有力的保障。

钱学森还为中国设计了多套学科发展体系,遍及火箭研究、人造卫星研制、导弹设计、潜水艇研究等多个领域,甚至参与了中国近程导弹运载原子弹"两弹结合"试验,并制定了中国第一个星际航空的发展规划。毫不夸张地说,今天我们在这些领域的发展依然在钱学森所擘画的蓝图上,他为这些"国之重器"的研究奠定了扎实的基础,并正确、清晰地描画了它们应有的发展方式与方向。

科教兴国：是家族理念，也是家族实践与传承

钱家是名副其实的百年望族,自宋代到近代人才辈出,古有大学士钱易、名士钱谦益,近有钱穆、钱钟书、钱伟长等,作为吴越国王钱镠第 33 代孙的钱学森也是其中之一。钱家能够兴旺数百年的秘诀在于整个家族对于家庭教育理念的重视和一以贯之的家风建设。

钱学森的父亲钱均夫在青年时期为追求科教救国的理想,赴日本留学,专修教育,后来成为著名的教育家和文史专家。这样的一位心怀国家的有识之士,在对子女的家庭教育

中十分重视爱国情怀的培养，在认识到科学对兴国的重要性后，更是有意培养钱学森对科学理论的兴趣，帮助他建立逻辑思维和形象思维的概念。可以说，钱学森的物理天赋和对科研的热爱与他父亲的启蒙密不可分，而他排除万难一心为国的精神亦是对父亲爱国情怀的传承。

钱学森为报国而立远大志向，又因爱国而笃志前行。可以说，他的成功与他儿时所受的爱国教育有密切联系，这便是告诉我们，在家庭教育中一定要重视对孩子的爱国情怀的培养。

父亲钱均夫身为教育家自是深谙家庭教育之道在于言传身教，而其中，身教又比言传更具有潜移默化的作用，因为孩子总是会观察、模仿父母的言行。

钱家父母对于钱学森的教育和培养不局限于读书和学习知识，而是全方位地培养他的兴趣和对世界的认知，教学范围包括绘画、书法、音乐、歌舞、摄影、体育、手工制作等方面。不仅如此，他们更是重视德育，从小就培养钱学森的道德品行，经常向他讲述品行端正、行善积德的做人道理，同时使他养成良好的生活和学习习惯。

在德行教育中，钱学森的父母极少对他进行说教，而是非常重视身教。在钱学森的记忆中，他的母亲章兰娟知书达理、宽厚仁慈、乐善好施，遇到邻居或是贫困的朋友有困难，她总会热情相助，借给他们粮食和钱，倘若对方无力偿还，便不再提起。母亲的慈爱之心在点滴中影响着钱学森，他在遇到需要帮助的人时，也总会鼎力相助，不求回报。

得益于父母的身教,钱学森成长为一代科学家。之后,他也像自己的父母一样,又将这样的家教传统身体力行地传承下去。钱学森与夫人蒋英育有一儿一女,儿子钱永刚和父亲一样投身科研事业,长期从事计算机应用软件系统的研制工作,而女儿钱永真则随了母亲,从事音乐教育工作。

钱学森并不要求子女一定要出息,但非常重视对他们品行的培养,而他的培养方式与自己的父母一样,让自己成为孩子的榜样。有一次,钱家的炊事员对钱永刚说:"你看你父亲每次下来吃饭,都一叫就到,而且总是穿得整整齐齐,从来不穿拖鞋、背心。这是他看得起咱,尊重咱!"这让钱永刚很是震惊,他说:"父亲秉承了奶奶和爷爷的身教传统,他从来不言教,只谈身教。"

此外,钱家一直倡导培养孩子勤俭持家的品质,希望子孙后代都能不囿于物欲,而是追求精神上的富足。钱学森自己的生活就非常节俭,衣物破了总是先修补,实在补不了才会添置新的。受到他的影响,儿子钱永刚也非常勤俭,一直骑自行车上班,坚持了40多年。这样一种超越物质的价值观,让钱氏子孙能够将全部的精力都集中在自己的事业和理想上,因而才能人才辈出。

一个人幼年时受到怎样的家庭教育会影响到他的一生,孩子的身上总会有父母的影子,他们会观察、模仿父母的一言一行。要想让孩子拥有良好的品德和习惯,最好的方式不是不厌其烦的说教,而是父母以身作则,为孩子树立一个好的榜样,在潜移默化之中完成对孩子的德育教育。钱学森家庭中重视身教的教育理念值得所有父母的学习和研究。

第五章

钱三强、何泽慧 ▶ 科学伉俪的
世纪之爱

中国的"居里夫妇"

　　钱三强(1913—1992),中国物理学家、社会活动家。1913年生于浙江绍兴,籍贯浙江吴兴(今湖州)。1936年毕业于清华大学物理系,1940年获法国国家科学博士学位,1955年被选聘为中国科学院院士。曾任第二机械工业部副部长,中国科学院原子能研究所研究员、所长,中国科学院副秘书长、副院长、特邀顾问、数学物理学部主任,中国物理学会理事长,中国核学会名誉理事长,全国自然科学名词审定委员会主任等职。钱三强在核物理研究中获多项重要成果,发现了重原子核三分裂、四分裂现象并对三分裂机制做了科学的解释,为中国原子能科学事业的创立、发展和"两弹"研制做出了突出贡献。

　　1956年1月,钱三强主导核武器研究的第三机械工业部成立,任副部长。1978 年,钱三强被任命为中国科学院党组成员、副院长,负责全院的科研业务和国际学术交流。次年,他兼任国家自然科学奖励委员会副主任,恢复了中断二十多年的国家自然科学奖评审。钱三强在组织推动中国科学院和国家的科学研究及国际合作等方面也做出了重要贡献。1986 年春,钱三强在出席政治协商会议期间与茅以升等 83 人联名提案,呼吁建立国家最高工程技术的学术机构,促成了中国工程院的成立。1985 年,钱三强获法国总统授予的法兰西军官级荣誉军团勋章,1999 年被国家追授"两弹一星"功勋奖章。

何泽慧(1914—2011),中国物理学家。1914 年生于江苏苏州。1936 年毕业于清华大学物理系,随后在德国海德堡皇家学院核物理研究所工作,发现并研究了正负电子几乎全部交换能量的弹性碰撞现象,获柏林高等工业学院(今柏林工业大学)博士学位。在法国巴黎大学居里实验室工作期间,何泽慧与合作者一起首先发现并研究了铀的三分裂和四分裂现象。

1956 年,何泽慧带领研究小组制成对质子、α 粒子及裂变碎片灵敏的核乳胶核-2 和核-3,因此获得 1956 年的中国科学院奖,即首次国家自然科学奖,那时世界上只有英国和苏联掌握了制造核乳胶的技术。何泽慧还曾在高能所负责组织开展宇宙线研究,在她的倡导和推动下,高能所通过国内、国际合作,在西藏建成了世界上海拔最高的五千五百米高山乳胶室,从无到有、从小到大地发展了高空科学气球,使中国成为世界上少数几个能独立研制和发放科学气球的国家之一。在领导建设中子物理实验室、高山宇宙线观察站，开展高空气球、高能天体物理等多领域研究方面，何泽慧做出了重要贡献，中国首颗 X 射线天文卫星"慧眼"便是为了纪念推动中国高能天体物理发展的科学家何泽慧而命名。

共同理想与并肩共进：夫妻深爱结出累累硕果

1932 年，19 岁的钱三强考入了清华大学物理系，师从留美归来的叶企孙、吴有训、赵忠尧和萨本栋等著名教授。在清华，钱三强认识了小他一岁的女同学何泽慧。在当时那个保守的年代，很少有女生涉足清华物理系，而何泽慧不仅一举考进，还执着地钻研学习，毫无畏难退缩之意，让钱三强钦佩不已。他们成为同学后，刚好在学校用餐中被搭配成同桌，何泽慧观察到，钱三强教养极好，每逢入席退席，总是礼貌周到。当时的何泽慧在校园中十分耀眼，秀丽文静且聪慧出色，而钱三强是新文化运动倡导者钱玄同之子，风度翩翩，成绩优异，二人十分登对。或许那时两人便已暗生情愫，但国家有难，求学不易，爱情对于他们太过奢侈，便都将年轻的情愫深埋心底。毕业时，何泽慧的毕业论文得分拿到了专业第一名，钱三强紧随其后，位于第二名。

1936 年,自清华毕业后,何泽慧前往德国柏林高等工业学院技术物理系攻读博士学位,而钱三强先是进入北平研究院物理研究所给所长严济慈做助理员,后又考取赴法公费留学生。两人自此断了联系。1937 年 8 月,钱三强登上了去巴黎的邮轮,在严济慈的引荐下进入巴黎大学镭学研究所居里实验室攻读博士学位。该实验室是居里夫人创建的,她逝世后由其大女儿伊雷娜·居里,人称"小居里夫人"主持。凭着聪慧和勤奋,钱三强很快得到了导师伊雷娜的赏识。这期间,钱三强的研究能力取得长足进步,伊雷娜提议他到自己的丈夫约里奥主持的法兰西学院原子核化学研究所深造。不久,小居里夫妇又邀钱三强参与证明核裂变理论。钱三强很快完成了博士论文,获得法国国家博士学位。1942 年底,钱三强以研究员身份进入居里实验室和原子核化学实验室参与实验研究。

1939 年暑假,在英国留学的王大珩等几个清华同学路过巴黎,准备去在德国读书的何泽慧那里游玩。因欧洲战事一触即发,钱三强担心去后无法及时返回法国,就没有同行,但何泽慧因此事与钱三强取得了信件联系,这给独自在德国求学的她一种异样的温暖。鸿雁来往中,他们渐渐产生了纯洁的爱情。1940 年,何泽慧获得博士学位后,进入柏林西门子弱电流实验室工作。1943 年,她进入海德堡威廉皇家学院核物理研究所学习,师从 1954 年诺贝尔物理学奖获得者玻恩教授,开始原子核物理的实验研究。凭着聪明和睿智,她跨越难以逾越的专业鸿沟，迅速进入新的领域。她首先观测到正负电子的碰撞现象，被英国《自然》杂志称为"科学珍闻"。1945年，对何泽慧钟情已久的钱三强写信向她求婚："我向你提出结婚的请求，如能同意，请回信，我将等你一同回国。"何泽慧干脆利落地回信道："感谢你的爱情，我将对你永远忠诚。等我们见面后一同回国。"

1946年春天，钱三强与何泽慧在巴黎注册结婚，并在这里举行了婚礼。婚礼上，何泽慧身穿红色旗袍，和穿着一身西服的钱三强挽着手，向各位宾客鞠躬。小居里夫妇伊雷娜和约里奥也出席了他们的婚礼，约里奥感慨道："居里先生和夫人曾经在一个实验室中亲密合作，之后我和伊雷娜又结为伴侣。似乎我们是受了'传染'，但这种'传染'对科学非常有利。今天，我们家的'传染病'又传给了你们！"一对科学伉俪由此开始了共同的科研生涯，并很快迎来他们人生中的高光时刻。

在钱三强与何泽慧的倾力合作下，他们发现了铀核的三分裂和四分裂过程，这一重大发现被称为"二战后物理学上最有意义的一项工作"。随后橄榄枝纷至沓来，然而他们并未动心，一同放弃了欧洲的高薪、名利和地位，回家建设百废待兴的祖国。1948年，夫妻俩终于回到了心心念念的祖国，并迅速扛起了筹建中国科学院近代物理研究所的重任。在没有资金，没有技术，没有人才的情况下，两人硬是凭着智慧执着和热情，建立了中国第一支核物理研究队伍，并开始了一生为国奋斗的科研工作。

1992年6月28日,钱三强驾鹤远行。斯人虽去,但功勋长留,在钱三强的主持下,我国成功研制了第一座原子反应堆,爆炸了第一颗原子弹、第一颗氢弹、第一枚战略导弹,中共中央、国务院、中央军事委员会向钱三强追授了"两弹一星"功勋奖章,表彰这位科学泰斗的巨大贡献。在钱三强因病逝世后,何泽慧仍然住在那个她和钱三强一起居住的老房子里,多次婉言谢绝了组织上给她调房的建议,家里的布局尽可能地保持着钱三强生前的样子,这便是她怀念丈夫的方式。

心中星辰大海,眼底清风明月:书香世家的代代传承

1913年,钱三强出生于一个书香世家,祖父钱振常曾执掌绍兴龙山书院,父亲钱玄同是中国近代著名的语言文字学家,早年赴日留学,曾任北京大学、北京师范大学教授,是新文化运动的倡导者。钱三强受父亲的开明教育影响很深,1986年钱三强在《锻炼身体、扩展视野、培养拼搏精神》一文中回顾了他的小学生活:"1919年我入小学的时候,读的是'人、手、足、刀、尺'和注音字母,父亲为我订了中华书局和商务印书馆出版的《小朋友》和《儿童世界》作为课外读物。"钱玄同在钱三强小学入学时则说:"但愿以后少受他们的家庭教育,少读圣经贤传,少读那些'文以载道'的古文,多听些博爱、互助、平

等、自由的真理的演讲,尽两手之能而常事工作。如此,则庶几可为将来新中国的新人物。"

　　钱三强本名钱秉穹,意为"秉性纯良,志存天穹"。在孔德学校读书时,钱秉穹有两个十分要好的朋友,一个是李治中,另一个是周作人的长子周丰一。三人中,钱秉穹年龄最小,体格却最为健壮,被送外号"三强",而李治中个子最高,却身体孱弱,被称为"大弱"。李治中给钱秉穹写信,开头的称呼是"三强",落款是"大弱"。父亲钱玄同无意中得知,觉得"三强"两字不仅通俗易懂,而且寓意"品德强、身体强、学识强",1926年后,"三强"两字便替代了"秉穹"。在改名这件事情上,可以看出语言文字学家钱玄同对孩子的尊重。一个思想开通的父亲、一个奋发图强的儿子,谁也没想到,钱三强这个名字将成为中国现代科学发展的里程碑,融进了民族独立、国家强大的百年梦想之中。

　　1933年,钱玄同手书"从牛到爱"送给钱三强,希望钱三强能发扬属牛的那股"牛劲",像牛一般勤勉,向着牛顿和爱因斯坦的方向前进。"从牛到爱"的四字箴言从此成为钱三强的座右铭,时时刻刻鞭策着他,让他甘当为民服务的"孺子牛"、为原子能事业奠基的"拓荒牛"、一生清贫朴实无华的"老黄牛"。1937年七七事变爆发,本就患有高血压的钱玄同因忧愤国事而病情加重,家国罹难,钱三强准备放弃已经考取的赴法学习镭学的名额。父亲却鼓励钱三强抓住机遇,只有在当时物理学研究最尖端的镭学领域取得成绩,钱三强才有能力报效祖国。钱三强承接钱玄同的嘱托,接过了救国与强国的信仰传承,这一接过,便是一生。1947 年,钱三强和何泽慧的长女出生,钱三强给女儿取名作祖玄,即纪念父亲钱玄同之意。

和钱三强类似,何泽慧也出身书香世家,其父何澄出生晋商之家,早年留学日本,还加入了同盟会。在山西,曾经有着"无何不开科"的说法,据史料记载,仅清朝 300 年间,何家就走出了 15 名进士,29 名举人。出身于这般顶级书香门第,何泽慧自幼饱读诗书,眼界开阔,很早就被父辈培养了救国救民的志愿。1932 年,在父母的鼓励下,18 岁的她冲破枷锁,独自去上海参加考试,考入了清华大学。何家家境殷实,却从小就教育女儿淡泊名利,莫问钱财。何泽慧谨记家训教诲,为国为民工作一生,哪怕成了大科学家,也依然住在墙皮脱落的老房子里。日常生活中,何泽慧衣着朴素,粗茶淡饭,谁也不知道她把价值连城的家族遗产苏州网师园毫不犹豫地捐给了国家。

有了家风的传承,钱三强夫妇教育儿女也格外用心。1968 年,小儿子钱思进到山西绛县插队,生活上遇到不少困难,写信向父母诉苦,钱三强回信教育儿子:"你大了,不能总依靠父母,要独立生活,学会自己走路。"1972 年,钱思进被推荐到清华大学化工系学习,请求爸爸出面替他说话,帮他转学物理。钱三强不同意用他的"牌子"来满足儿子的要求。钱思进听从父亲的教诲,抓紧业余时间自学物理,终于于 1978 年通过考试,被录取为中国科学院理论物理研究所研究生。

钱思进上大学后,仍然穿一身洗得发白的蓝布衣服,脚穿布鞋，背一个旧帆布书包。在钱三强夫妇教育下，钱思进从不主动向旁人讲起自己的父母，习惯通过自身的努力来实现目标。2008 年底，欧洲核子研究中心大型强子对撞机正式启动，这个国际合作项目中的一张中国面孔是钱思进。面对记者采访，他说："父亲一直要求我独立走自己的路，我也一直希望自己能摆脱父亲威望的影子，努力增强自己的工作能力。如今，这个愿望终于实现……"钱思进在回顾自己的学业和工作时说，父母的教诲和他们自身的榜样每时每刻都在鞭策着他，使他从不敢懈怠。

在他们的教诲与引导之下，钱三强夫妇的女儿钱民协也立志为报效祖国奉献一生。1977 年，钱民协毕业于北京大学化学系，1990 年在中国科学院化学所获得理学博士学位，随后作为博士后在法国马赛国家科研中心生物大分子晶体实验室学习工作，后成为北京大学化学与分子工程学院教授。

2003 年，一颗行星被命名为钱三强星，胸怀大爱的科学家终是成为浩瀚星河之中一颗璀璨的行星。钱三强夫妇是我国战略科学家的杰出典范，是老一辈科技工作者的卓越代表，更是新一代科技工作者的光辉榜样。星海横流，岁月成碑，他们的名字将被永远地铭刻在青史之中，他们的家风传承将高悬在一代又一代青年的心上。

后记

　　亲子之爱与家庭之教,是人间至纯的情感和至善的理性,也是人类绵延不息的奥秘。

　　在人间所有的情感与智慧中,父母对儿女的爱,对儿女的教诲,是最为深沉、最为独特的一种。这种爱和叮咛,蕴藏着无可替代的力量,宛如繁星点点,烛照着人类在时光隧道里缓缓前行。卡尔·马克思说:"还有什么比父母心中蕴藏着的情感更为神圣的呢? 父母的心,是最仁慈的法官,是最贴心的朋友,是爱的太阳,它的光焰照耀、温暖着凝聚在我们心灵深处的意向。"

　　父母,总是把孩子视为生命中最重要的部分,用全部的心血去呵护、去照拂,恨不得将世间所有的善意和庇护都倾注在儿女身上。这份爱和教导无怨无悔,无私无畏,理性深刻,如同太阳一样辉煌,如月亮一样清澈,为儿女的成长提供了无穷的力量和向上的动力。而孩子对父母的回报,对父母的尊敬和关心,对父母的反哺和光耀,也是他们内心最深的情感表达。他们为父母分担忧虑,为父母奔波在路,陪伴父母慢慢变老,把家族的荣光发扬光大。

　　亲子之爱与家庭之教,广大无边,无处不在。无论儿女走到哪里,无论父母身处何方,这份情感和理性都会如影随形,弥漫在儿女的头顶和天空,无比深厚,无比真挚。它是情感和智慧的传递,更是生命和精神的延续。它以一种春风化雨、润物无声的方式,流淌在人类社会的每一个角落。无论时代如何变迁,无论世事如何变幻,父母对儿女的深情眷顾,儿女对父母的虔诚回报,始终都在,从未改变。

回望中国近现代时期名人名家的家庭教育实景,重温那些散落在时光深处的亲子温情与家教智慧,体味其中的温馨、理性、深远和绵长,就是一种最好的学习和领悟。

也因此,父母所在的那个家,是我们人生之旅的始发港,也是人生回归的目的地。

加拿大教育家维吉尼亚·萨提亚说:"我相信家庭与外界是决然不同的,它可以充满爱,关怀及了解,成为一个人养精蓄锐的场所。"

对于那些深受父母之爱和家教之光滋润的成熟儿女,他们所能达到的理想高度应该是这样的——他们发展了父母双方的良知,既能保持和父母的紧密关系,又能创新传承父母的进取精神,并由此成为父母的至爱和传人。这,正是"名人家庭教育丛书"呈现给我们的精髓之所在。

"名人家庭教育丛书"的顺利出版,首先要感谢上海开放大学副校长王伯军。王校长领衔的"名人家庭教育丛书"编委会在广泛调研的基础上确立了丛书的选题、框架和表达风格。其次要感谢上海开放大学非学历教育部部长王松华研究员,王部长自始至终全程参与了丛书的策划和实施,为丛书的顺利完成不断助力。

"名人家庭教育丛书"能够如期付梓，还要感谢八位作者，他们从国家开放大学、上海财经大学、中国福利会、上海开放大学总校及分校汇集到一起，在丛书编委会的指导下独立思考，潜心写作，高效完成了丛书的写作。在此，向八位作者表示由衷的敬佩和感谢！

"名人家庭教育丛书"的圆满出版，更要感谢上海远东出版社程云琦主任带领的编辑团队，他们为丛书的设计、审阅出版付出了辛勤劳动和专业智慧。

本丛书从制定撰写方案到完稿前后只有一年半时间，加之作者撰写经验有限，丛书难免有疏漏或不当之处，敬请读者批评指正！

"名人家庭教育丛书"主编　杨敏